100 y más
historias
reales

Editors: Heidie Germán, María Elena Cruz López, and
Estela Serafini (*In Memoriam*)
Managing Editor: Manuel Alemán
Designer: Ricardo Potes Correa

Published in the United States by CBH Books.
CBH Books is a division of Cambridge BrickHouse, Inc.

Cambridge BrickHouse, Inc.
60 Island Street
Lawrence, MA 01840
U.S.A.

Library of Congress Cataloging-in-Publication Data

100 y más historias reales / [editors, Heidie Germán, Estela Serafini, and
María Elena Cruz López]. -- 1st ed.
p. cm. -- (100+ historias reales)
ISBN 978-1-59835-124-8 (alk. paper)
1. Anecdotes. I. Germán, Heidie. II. Title. III. Series.

PN6265. A14 2009
868'.702--dc22

2009042036
Printed in the U.S.A.
10 9 8 7 6 5 4 3 2 1

ÍNDICE

De lo terrible y lo maravilloso 11

De lo efímero y lo eterno   67

Del amor y el desamor   87

De lo oculto y lo prohibido 123

Del abismo y la luz 171

De lo intenso y lo extremo 187

De lo terrenal y lo celestial 235

Del aquí y del allá   **287**

De lo terrible y lo maravilloso

Cambio de turno

Desde hace mucho tiempo no ve la luz del día a pesar de sus veinte años. Cuando empiezan los primeros avisos de que la madrugada se acerca, él se prepara para comenzar su noche. Debe apurarse para llegar a tiempo a aquel espacio demencial en el inquilinato donde duerme su día, no solo para ocupar la cama que cuidó su abuela toda la noche, sino también para cumplir con otras obligaciones, con el fin de que la desmuecada anciana no llegue tarde a su trabajo en las sórdidas calles de aquel mal pensado barrio latino de la ciudad de Nueva York.

Se llama Nepomuceno. En su pueblo era un nombre de alcurnia, así lo hizo llamar Efigenia, su abuela, quien fue la que lo recogió de la caja de cartón donde lo abandonó su madre, por irse en pos del sueño americano, a donde por ironías de la vida irían ellos 15 años después en busca, no de su madre, de quien nunca se supo nada, sino de aquellos "verdes".

Efigenia, para sobrevivir vendía lotería recorriendo a diario las calles empedradas de esperanza de un pueblo que apenas se sostenía en la montaña de puro milagro. Sus manos artríticas desenrollaban los billetes que los habitantes del pueblo compraban, no porque creyeran que la suerte de la lotería llegaría a ese olvidado pueblo, donde tampoco llegaron nunca las promesas del gobierno, ni de los paras, ni similares, sino porque sabían que con ese dinero la abuela sostenía a su nieto en la capital estudiando computación y que ese muchacho era lo único que obligaba a la mujer a ponerse el alma en su cansado cuerpo cada vez que comenzaba el día.

Finalmente llegó el día en que Nepomuceno regresó con su cartón arrugado debajo del brazo y con él unos pasajes para irse al otro mundo, al de los verdes, donde un primo suyo le había conseguido un trabajo, solo en las noches, arreglando unos computadores para que la gente no perdiera tiempo en el día.

El viaje lo resolvieron en un abrir y cerrar de ojos. Vendieron la casita y los baúles. Regalaron las ollas y las colchas. Visitaron al dentista del pueblo, quien le hizo a la abuela una caja de dientes para que vistiera de gala su sonrisa.

En el viaje todo salió bien a no ser por la paliza que a su llegada al Hotel El Propio le propiciara un antiguo habitante, por asuntos de territorialidad, pues los inquilinatos de aquel sector eran todos de paisas, pero El Propio, era el que tenía la zona.

Para completar allí no había sino una cama disponible, de las 10 que estrechamente ocupaban la alcoba. Abuela y nieto ya sabían de oídas como funcionaba aquello de la "cama caliente" y así lo resolvieron. Efigenia vendería su lotería en el día, Nepomuceno cuidaría la cama y trabajaría en la noche, mientras su abuela descansaba.

El muchacho casi no se repone de la paliza. El hambre y su primo lo acosaban; los computadores no daban espera. Pero lo peor de todo, es que en la paliza él perdió casi todos sus dientes y los pocos que le quedaron, ya a punto de caerse, se los arrancó Efigenia con un oxidado alicate.

Han pasado los años y con su trabajo ellos han logrado mejorar de vida, bueno, no del todo porque los "verdes" llegaron con la crisis. Han sobrevivido al invierno y al calor. Los encantos de la primavera no los impresionan. Ya su pueblo era toda ella.

Ahora, ellos ya no cuidan la cama como en El Propio. Ella vende lotería por mejores calles y luce orgullosa la sonrisa que le hizo el dentista. Pero hoy la nieve la ha demorado, está asustada y la penumbra la acosa. Debe llegar a casa, no solo tiene que apurar al muchacho que ha logrado desempeñarse con extrema fiereza entre las sombras virtuales, razón por la cual ha recibido tentadoras ofertas para trabajar en el día. Pero Nepomuceno no las puede aceptar y nadie entiende el porqué.

El muchacho la espera impaciente. Por fin llega la abuela, con la lengua afuera, Ah, y con la caja de dientes también. Tiene que lavarla muy bien y dársela a su nieto, para que se la coloque, de lo contrario llegará tarde a su trabajo. Él se la empuja como puede en su desdentada y oscura cavidad. No tiene tiempo para sonrisas, solo importa llegar a su trabajo con la boca llena de dientes y lucir su mejor sonrisa.

Ambos están ahorrando, quizás el próximo invierno cada uno tenga su caja de dientes personal. Ya han enviado parte de sus ahorros a Colombia con este propósito. Adolfo ya está en la tarea.

María del Socorro Jaramillo G., 60 años
Bogotá, COLOMBIA

Nombres originales

Mi tía Sylvana fue maestra hasta los 57 años de edad y siempre nos platicaba historias difíciles de creer. Yo me preguntaba cómo es que a ella le pasaban los acontecimientos más inverosímiles, pero solo obtuve respuesta hasta que me paré frente a un grupo de alumnos.

Es emocionante presentarte ante el grupo y pedirles a los niños que te digan sus nombres y sus inquietudes. Por eso jamás dejo fuera esta dinámica, pero hay una razón más poderosa por la cual la sigo haciendo hasta la fecha: conocer sus nombres.

Me he quedado más de una vez con la boca abierta escuchando nombres como estos:

Anivdelarev González (Esta chica nació un 20 de noviembre, día que se celebra en México el Aniversario de la Revolución, y por ello en el santoral del calendario, para efectos de ahorrar caracteres, abreviaron Aniv. de la Rev. y al parecer los padres lo tomaron como nombre.)

Alan Brito (alambrito)

Lumamijuvisa Barrera (El nombre tiene las primeras dos letras de 6 días de la semana.)

Brayan Aletsis (Ortografía fonética de nombres extranjeros.)

Iori Yagami Carrillo (Como un personaje del videojuego "King of Fighters".)

Onedollar Cruz (Sus padres al parecer tomaron el nombre de la imagen del billete de un dólar, confundiendo el nombre de Washington con la denominación.)

Nauseabunda Mariana Roque (No sé si sus padres sabían lo que significaba.)

No sé qué piensan los padres, no sé qué piensan los alumnos de sus propios nombres, pero sé que al menos varios de ellos sufren mucho y seguirán sufriendo el resto de sus vidas o hasta que se cambien el acta de nacimiento.

Ahora la gente es quien no cree mis historias y tengo que mostrarles las boletas para validar mis afirmaciones. Solo ahora entiendo a la tía Sylvana.

Seguiré en la docencia y tal vez algún día tenga alumnos de nombre Winnie Pooh López y Naruto Hernández.

**Rwddael, 24 años
México, D.F., MÉXICO**

Maestra,
su letra es muy fea

El bullicio es ensordecedor y el cansancio no lo es menos. Son los últimos días del año escolar. En el patio de recreo conviven gritos, peligrosos balones que te acechan desde todos los rincones y la lluvia que completa el paisaje y que las chiquitinas abrazan juguetonas para empujarse y caer en uno de los tantos charcos que ya son habitantes permanentes de este patio en los días de invierno.

Aquí no se sabe quiénes están más desesperados, si los niños o los docentes que corren con sus notas, observadores, fichas de trabajo y el famoso mentiroso, que hay que entregar puntualmente, antes de finalizar la jornada. De lo contrario, el averiado salario no llegará a sus bolsillos, que lo único que guardan son los huecos que han abierto sus propios dedos buscando afanosamente el centavo para completar lo del tintico y el pasaje para el "transmi", que ya subió.

Entre campana, consejos y pitos se ha logrado que los niños se amontonen en el lado cubierto del patio, para evitar que las niñas lleguen empapadas a sus casas y los no menos desesperados de sus padres hagan culpables a las maestras por su incompetencia, claro, de las futuras neumonías de sus hijas.

Cuando se es niño, todavía se siguen las instrucciones de la maestra con facilidad. Pero bien distinta es Solecito, aquella pecosa, que a sus escasos 9 años no parecía escuchar las súplicas de Tránsito, su directora de grupo, la más antigua y sabia de todo aquel enjambre de maestras de la institución.

Pero aquella tarde se confabularon el cansancio, el gris de la tarde y de los años. Tránsito, ante la terquedad de aquella chica que insistía en permanecer bajo la lluvia, la emprendió a gritos contra ella. Sí, señor, se salió de casilla y se olvidó de la nueva pedagogía y de los buenos modales y, sin consideración alguna, condenó a la muchacha a la terrible tarea de escribir 100 frases: "Debo respetar a los mayores".

Solecito quedó paralizada, más por ver a su maestra transformada en una "cucha amargada", que por la mirada burlona de sus compañeras, que se veían muy complacidas porque esta vez Solecito no se saldría con la suya como acostumbraba.

La niña entonces, entre los charcos buscó su morral y de mala gana, buscó el coloreado cuaderno de tareas. Miró furibunda a Tránsito y prácticamente le lanzó el cuaderno por la cara, para que le colocara la muestra y le dijo: "Pero haga buena letra, porque usted escribe muy feo".

María del Socorro Jaramillo G., 60 años
Bogotá, COLOMBIA

Mi ex alumno
se quería suicidar

En 12 años de docencia he enseñado a cientos de estudiantes, de quienes, en su mayoría y para mutua fortuna, no recuerdo el nombre. Hubo algunos que me dejaron huella, tal vez porque también hice mella en ellos, y los veo de vez en cuando. En alguna plaza me ha abordado ese estudiante que fue un auténtico "*pain in the…*", pero que, al ir con la novia, me ha saludado por admiración o arrepentimiento.

Recuerdo vivamente a H…, rara mezcla de capacidad académica con nula capacidad para apuntar (creo que aprendía por ósmosis). Su historia parecía de cliché: A los 17 años embarazó a su novia de la misma edad, pero sus padres impidieron su matrimonio, esperando que la pareja fuera más madura para criar adecuadamente a su hija.

Cuando lo conocí tenía 20 años. De alguna forma hicimos cierta amistad más allá del aula. Supe que, por su mal carácter, ya no frecuentaba a su hija y con trabajos veía a su antigua novia. El semestre terminó (obtuvo buena calificación) y eventualmente nos encontrábamos en los pasillos de la facultad y nos saludábamos con gusto.

Cierto día su aspecto me llamó la atención: rostro macilento, profundas ojeras, patético. La alerta de mi inconsciente se disparó y lo detuve:

—¿Pasa algo?

—No… Nada.

—No te creo. Ven para acá.

Con voz entrecortada, me comentó que días antes había tratado de ver a su hija sin lograrlo, que había ido a pedir perdón a la ex novia, prometiéndole ser mejor persona, casarse, mantenerla bien (ya trabajaba). La respuesta fue rotunda: No a todo. Empezó a sollozar. Lo llevé a un lugar más alejado y le escuché. Pedí ayuda al Altísimo para aconsejarle. Y le hablé con Sus Palabras. No como maestro o como padre, sino como un ser humano que entiende la desesperación de otro.

El mensaje le llegó profundo. Contuvo el sollozo y agradeció mi apoyo.

—Iba para mi *depa*. Tenía todo planeado para suicidarme, no sabía qué hacer y… lo encontré a usted.

Lo vi alejarse sereno y agradecí al cielo. Sé que le ha ido bien. Y también a mí."

Sergio R. Chávez, 50 años
Zapopan, Jalisco, MÉXICO

Fiesta de condones
en el salón

Hoy las niñas no quieren atender a la clase. El cuchicheo es permanente y los ojitos inquietos andan indagando al gran reloj que está sobre el escritorio. Pero esta vez el motivo no es el recreo, ni la hora de la salida. Esto va más allá. Hoy mis estudiantes de cuarto grado tendrán su primera clase de orientación sexual.

Los maestros, conscientes de que el tema urge ser tratado por especialistas en el tema, hemos contratado a Lolita, experta orientadora. Le presentamos las inquietudes de las chiquitas, las constantes conversaciones y la rotación de revistas pornográficas que traen de sus casas, hurtadas a sus padres o hermanos mayores. Ella presentó, a su vez, un proyecto de orientación sexual que a todos nos convenció.

Entendí a mis estudiantes y opté por realizar actividades que las relajaran. Terminamos la clase entre rondas y risas. Las dispuse para recibir a Lolita y les indiqué dónde buscarme cuando se terminara la clase.

Un poco preocupada por la forma en que recibirían la información, me propuse, a través del *Semillero*, periódico del colegio, escribir un artículo que reflejara la inocencia de las niñas, invitándolas a participar en el mismo con poemas, cuentos y sopas de letras sobre la sexualidad, empleando el vocabulario y los conocimientos adquiridos en las lecciones sobre sexualidad.

Me hallaba absorta en mi propósito cuando escuché la voz de Juanita, la monitora del grupo. Entró estrepitosamente y a los gritos me decía:

—*Profe*, corre al salón que están locas. Imagínate que a Lucerito le estallaron un condón en los cachetes y ella hizo lo mismo y así a todas.

Yo la interrumpía y le corregía:

—¿Cómo así? ¿Querrás decir un "cordón"?

—No, no, *profe* es un condón de verdad.

Corrí a mi salón de clase. No entendía lo que estaba pasando. Pues sí señor, al llegar allí encontré una hecatombe. Las niñas habían llevado condones, al igual que revistas como material de clase. Creo que ellas sabían más que Lolita y que yo. Al salir la profesora de su clase, ellas los sacaron de sus morrales, los inflaron, los ajustaron, les colocaron cintas, adornaron el salón de clase y los colgaron de las paredes y cuadros. Las más juguetonas se los estallaban a sus amigas en la cara o en los brazos. ¡Ustedes no se imaginan lo que me costó terminar aquella fiesta de condones!

María del Socorro Jaramillo G., 60 años
Bogotá, COLOMBIA

¿Qué hay detrás de las montañas?

Papá Luis, ¿qué hay detrás de las montañas?

Solía sentarme en las piernas de mi papá Luis por las tardes. Él sacaba una silla de madera con tejidos de junco y se sentaba a observar el atardecer. Pasaban los hombres de sombrero, montados en caballos, dejando atrás a sus mujeres. Algunas veces los perros también eran partícipes de aquella peregrinación desde el rancho hacia el pueblo y de regreso.

Mi abuelo, después de un largo día de trabajo en la pastelería y la carpintería, me invitaba a sentarme con él en la puerta de la casa, para ser testigos, los dos, de los acontecimientos de la calle (en aquel entonces todavía sin pavimento). A mí me encantaba sentarme en sus piernas; mientras le contaba los lunares de su cara y del cuello, le acariciaba su cabello entrecano y le hacía preguntas para descubrir mi mundo.

Muchas veces pedí a papá Luis que me dijera qué había detrás de las montañas.

La casa de mis abuelos tenía la mejor vista al campo y a los cerros. Las montañas me causaban tanto misterio. ¿Por qué son tan grandes? ¿Qué figuras tienen? ¿Qué hay adentro? ¿Son como las personas? ¿Sienten?

A veces parecían rostros. Para mí eran otros mundos, como los del cuento de "El Mago de Oz". "Atrás de las montañas, deben haber otros mundos mucho más sorprendentes que este que yo conozco", pensaba.

Cuando llovía y acompañaba a mi papá Luis y a mi mamá Nachita, mientras bordaba sus carpetas para las tortillas, volvía a la misma pregunta:

—¿Qué hay detrás de las montañas?

Yo les describía las figuras que yo alcanzaba a imaginar, pero seguía inquieta.

—¿Qué hay detrás de las montañas?

Mi papá Luis contestaba:

—Pues, más montañas.

—¿Y tienen una iglesia? ¿Y hay gente?

—Sí, hay ranchitos.

—¡No papá Luis! ¡Deben ser otros mundos que no conocemos!

Pasaron algunos años; mis abuelos ya habían muerto. Dejamos el pueblo y nos fuimos a la capital. Y en un viaje de visita a Tuxpan, el camino entre carreteras me enseñó otros mundos.

Y efectivamente, detrás de las montañas hay más montañas, como decía mi abuelo.

**Andrea Cambrón Maya, 28 años
Morelia, Michoacán, MÉXICO**

Viajé 300 km para verla y me rechazó

Siempre me han gustado los campamentos, y fue gracias a uno que conocí a una chica de la que me enamoré. Ella vivía en Uruapan, Michoacán, aproximadamente a unos 300 kilómetros de Toluca. Cuando supe de su cumpleaños quise irla a visitar y allí declararle mi amor. El plan era ir con dos amigos para que el costo del viaje disminuyera. Dos días antes del día de partida, uno de mis amigos me canceló. Al día siguiente, Andrés me dijo: "Perdón, pero no puedo ir. Mi mamá no me dio permiso".

El día llegó y desde las 6 a. m. estaba en pie, con la firme decisión de ir a Uruapan, solo o acompañado. Mientras más temprano me fuera, más tiempo estaría con Estefanía. Con 600 pesos en la bolsa fui a llenar mi tanque. Me quedaban 400.

Tomé la carretera a Morelia. Al pasar cada caseta solo miraba como mi efectivo se esfumaba y, poco después, mi gasolina también (nunca había manejado en carretera). Comenzaron a atacarme los nervios y al llegar a la siguiente caseta, después de casi 4 horas de viaje, sentí un gran alivio… Era la última.

Llegué con el cobrador, pero no tenía un peso. Me orillé, busqué hasta debajo de las llantas y nada. Pensé: "Me voy por la libre y ya está". La aguja de la gasolina estaba en reserva, no tenía dinero ni combustible, y estaba en medio de la carretera. El poco crédito que tenía en mi teléfono celular me salvó de aquella situación. Llamé a Fany: "Hola, pásame a tu mamá (a quien no conocía). Disculpe señora, lo que pasa es que no tengo dinero para pagar la caseta, ¿no sería mucha molestia que viniera por mí?" (Recuerden que era una situación extrema.)

A los 30 minutos llegaron y me pagaron la caseta (me moría de la pena). Gracias a Dios la reserva fue suficiente.

Al llegar a Uruapan, le declaré mi amor a Fany y comprobé con tristeza que ella no creía en el amor a distancia. Lo "entendí" y desilusionado tendría que volver a casa.

La Sra. Ángeles me prestó dinero para regresar, y nunca aceptó que se lo devolviera, por lo que cuando voy a Uruapan, le compro flores. En este viaje aprendí lo que el amor puede provocar.

Mauricio Ruiz Serrano, 22 años
Toluca, Estado de México, MÉXICO

Por la violencia de mi esposo casi pierdo a mi niña

A pesar de varios tropiezos y profundas caídas tengo un gran motivo para ser feliz. Tras varios intentos fallidos para embarazarme, los doctores me diagnosticaron endometriosis, lo cual impedía mi gran deseo de ser madre. Dicen que lo que con el corazón deseas se puede hacer realidad y así ocurrió.

Después de varios estudios, un médico especialista me dijo las palabras que deseaba tanto escuchar: "¡Vas a ser mamá!". Todavía recuerdo que, después de confirmar nuevamente el embarazo con un análisis de sangre, aún no lo podía creer. Para mí era algo tan especial que al llegar al pequeño estudio en donde vivía con mi esposo me hinqué y comencé a orar.

Desafortunadamente, aquella felicidad no la pude compartir con mi esposo que anteponía sus intereses sobre cualquier cosa, pero para mí era una hermosa realidad. Había una nueva luz dentro de mí y ahora estaba yo a cargo de proteger a esa lucecita.

Sin embargo, no pudo ser así. Tras sufrir varios eventos de violencia y presiones por parte de mi esposo, el 25 de mayo de 1998 nació mi hija a tan solo 24 semanas de gestación y pesando un poco más de 600 gramos. El ver su pequeño cuerpo, no más grande que mi mano, cubierto por tubos y cables que salían de sus piernas, su pecho y sus brazos, partió mi alma por completo.

Sin importar mi cesárea, regresé a mi trabajo al poco tiempo de salir del hospital... Lo menos que deseaba era estar en mi casa, que sin mi hija no era un hogar. Todo el tiempo que me permitían los doctores estar con mi pequeña lo aprovechaba. Había noches que pedía quedarme a velar su sueño esperando que el tiempo volara.

Victoria salió del hospital tres meses después de su nacimiento y, a partir de aquel momento, toda mis tristezas desaparecieron. En cuanto la dieron de alta y ayudada por mis amigas, regresé a México junto a mis padres y solicité mi divorcio. Ahora Victoria tiene 8 años, es una linda pintora y un gran milagro que con su bella sonrisa me demuestra lo maravillosa y valiosa que es la vida cada día.

Monserrat Moreno Marbán, 35 años
Saltillo, Coahuila, MÉXICO

Hasta los 12 años
mi vida fue un infierno

Se escuchaba desde el portón de mi jardín una voz semejante a la rudeza de un trueno. El miedo cubría mi vida cada noche cuando mi padre llegaba borracho a la casa. Mi madre, sonriendo como si no pasara nada, me dormía pasando sus manos trabajadas y cansadas por mi cabeza llena de preguntas. Cada noche un cuento me era leído con amor y gentileza por mi madre. Cada noche era la misma faena, la voz de miedo, las manos gentiles y un cuento para escapar de la realidad.

Nuestra situación económica era pésima, pero no se comparaba con la ausencia de alguna muestra de amor. Así se fue dando el tiempo sobre las circunstancias. Llegó mi adolescencia, época de rebeldía y más preguntas. Quería comerme el mundo, soñaba con ser alguien importante. Todas mis fuerzas las depositaba en mis estudios y en las oraciones que elevaba al Ser a quien imaginaba sentado en alguna nube esperando algo de mí que no poseía.

A la edad de doce años ocurrió un milagro: mi padre alcohólico, aceptando su enfermedad, pudo superarlo y las cosas comenzaron a cambiar. Ya no era el alcohol el problema, era el hoyo en que mi familia se encontraba. Siguió pasando el tiempo y mi carga fue menos pesada cuando conocí al que actualmente es mi novio.

Cada noche me miraba al espejo y me decía: "¿Qué te ocurre? ¿Por qué no eres feliz? Si tu padre dejó la bebida, tu madre se ve más feliz, tienes un novio bueno, eres una maestra profesional y...". Nada me convencía.

Fue cuando me di cuenta de que, aunque todo en mi vida era correcto, no sentía pasión... entrega... realización del alma. Entonces tomé la mejor decisión de mi vida. Decidí vivir sin afanes, sin controlar mi futuro, sin dejar escapar mi oportunidad de convertirme en escritora, ese era mi sueño desde niña.

Aunque los miedos querían arrebatarme mi ilusión, esta vez fui más fuerte y decidí arriesgarme. Entonces me matriculé en la Universidad del Sagrado Corazón en Puerto Rico para estudiar Creación Literaria.

Dejé los miedos, decidí vivir mi vida al máximo, descubriendo dos mundos impresionantes: El mundo físico en donde vivimos y mi impresionante mundo interior. Lo mejor de mi vida lo estoy viviendo desde que decidí ser libre y luchar por mi realización.

Elizabeth Rivera Núñez, 22 años
Manatí, PUERTO RICO

Buscar a mi hijo en Perú casi me cuesta la vida

Lo mejor que me ha pasado en mi vida después de casarme, es ser madre. Mi aventura se inició en 1990 cuando decidimos ser padres. Vivíamos en aquél entonces en Miami y habíamos solicitado para adoptar una niña en Rumanía.

El 14 de febrero recibimos una llamada de la psicóloga quien nos propuso un cambio: Había un bebito de cinco meses en Perú esperando ser adoptado. No tuvimos que pensarlo mucho, de verdad queríamos ser padres sin importar si era niño o niña.

Nuestro amado Perú por su parte estaba atravesando una de las peores etapas políticas. Sufría de los atentados terroristas del grupo Sendero Luminoso y había una epidemia de cólera, pero como mi esposo y yo estábamos convencidos de que esto era un regalo que venía de Dios, nos pusimos en Sus manos y nos embarcamos hacia lo desconocido.

Se suponía que nuestra estadía sería solo de dos semanas, para nuestra sorpresa se prolongó por tres meses. Yo me quedé allá cuidando de nuestro hijo y mi esposo se regresó a los Estados Unidos. Es difícil contar en unas pocas líneas todas nuestras experiencias pero sí puedo resumir algunas. Como el terror que experimenté al escuchar la explosión de bombas y tiroteos diarios cerca de donde vivía, en contraste con el cuidado y la amable atención que recibimos de parte de los peruanos.

También sufrimos frustraciones como la huelga de jueces en la Corte, la cual atrasaba el proceso. Recuerdo que unos días antes de salir del país decidimos ir a cambiar el pasaje a American Airlines, fuimos un día antes de lo previsto y al día siguiente descubrimos que habían bombardeado el edificio a la misma hora que teníamos que estar allí; una vez más vimos la mano de Dios protegiéndonos.

Si tuviera que pasar de nuevo todo lo vivido, no lo dudaría ni un momento, mi hijo es el tesoro más grande en mi vida y haría lo que fuera sin importarme el sacrificio. Puedo decir que, a pesar de que nos trajimos un pedacito del Perú, también nosotros dejamos un pedacito de nuestro corazón en aquella tierra tan amada y especial.

Ana, 46 años
EE. UU.

Mis frustraciones me hicieron comer hasta volverme obesa

Durante mi infancia mis sobrinos siempre jugaban conmigo; mis hermanas no querían que ellos se acercaran a mí porque soy morena. Una de mis hermanas me declaró la guerra: me odiaba y me lo gritaba en la cara.

Dentro de todo, yo era una chica alegre y muy leal hasta que me enamoré de un hombre que no estaba enamorado de mí. Sexualmente fui muy feliz más de una vez porque era lo máximo en la cama. Hicimos el amor como nadie en todos lados y de mil formas, pero sentimentalmente fuimos un desastre.

Yo hacía todo por complacerlo pero él solo me celaba y me pegaba. Buscaba amantes imaginarios; hasta me provocó un aborto de un embarazo de dos meses a puñetazos y yo no dije nada por miedo.

Busqué consuelo en la comida y se deformó mi cuerpo a tal grado que no podía caminar. Entonces era también despreciada por la gordura, que se revelaba más aún en la cama, pero yo siempre llevaba una sonrisa en la cara, siempre fingiendo que era feliz.

Luego me interné en un hospital y entré a un programa de nutrición. Fueron 54 días de aceptación y de rehacer mis pensamientos y de empezar a quererme.

Al salir, hace dos años, un 12 de agosto, intenté ser

feliz. Me fue peor que la primera vez, pero ya no tenía miedo. Me divorcié.

He bajado 47 kilos y me voy a someter a una cirugía reconstructiva que me devolverá mi cuerpo original; con la ayuda de Dios, todo me va a salir bien. Creo que la vida me dio la oportunidad de rehacer mi vida.

Sandra, 43 años
Tonalá, Jalisco, MÉXICO

Mi padre drogadicto no me quería por ser mujer

Muchos, al ver a una joven como yo, piensan que todo siempre estuvo bien en mi vida. Ellos no saben la carga que llevo por las experiencias vividas. Solo tengo 19 años pero es difícil a veces creerlo. Un indio sabio dijo una vez: "Se necesitan mil voces para narrar una sola historia", y es cierto, mi historia comienza con mi nacimiento.

Mi padre me rechazaba por ser mujer, después me di cuenta de la violencia doméstica que mi madre recibía, la drogadicción de mi padre que nos hundía más y más en un hoyo profundo de amargura, y por último, la separación de esas personas que eran lo más importante para nosotros, nuestros padres.

Cuando mis padres se separaron, hubo un lapso de un año o más en que yo me sentí confundida y perdida, pues era mucha responsabilidad criar a dos hermanos que hacían preguntas a las que yo también quería hallarles respuestas.

En ese tiempo me vi tentada a consumir drogas pero reaccioné y no quise ser igual que mi padre; opté por aborrecerlas. También me vi rodeada de malas compañías que me inducían a hacer cosas incorrectas.

A mi corta edad de 11 años ya era rebelde y violenta; me daba igual golpear a niños que a niñas. Ese tiempo nunca lo he olvidado por las pérdidas que tuve. A veces quisiera expresar lo que sentí al ser despreciada por gente que yo quería y darme cuenta de que mi enemigo vivía en mi casa, ya que incluso mi propia familia me estaba mintiendo.

Hoy soy una joven más tranquila y consciente de la vida. He tenido muchos logros y me doy cuenta de cuán afortunada soy por estar viva, y por no ser la cobarde que aquellas dos veces intentó quitarse la vida.

Todavía lloro amargamente mis recuerdos; muchos no saben qué pasó por mi cabeza en ese tiempo en que me sentía tan sola a pesar de estar rodeada de tanta gente. Ni siquiera mi madre sabe de los intentos de abuso sexual que enfrenté. Estoy viva y le doy gracias a Dios por ello.

Eli, 19 años
Chicago, IL, EE. UU.

Los médicos nunca supieron qué tenía mi bebé

Lo que cuento aquí es una de mis peores vivencias.

Cuando tenía 26 años tuve un bebé que había sido muy deseado. Llegó el día esperado, un 8 de julio de 1999, un día gris y lluvioso y un largo trabajo de parto (16 horas). Pensaron hacerme cesárea, pero cuando me tomaron una placa, el médico vio que podía parirlo, que me demoraría un poco más pero era mejor de la manera más natural y algún día se lo iba a agradecer.

A las 11:58 de la noche, nació mi bebé. Todo normal, aparentemente, aunque el médico me dijo que estaría un ratico en la incubadora para que tomara un poco de oxígeno. El bebé tenía dificultad para respirar y le fue aumentando a medida que pasaron los días. Empezaron las pruebas para ver a qué se debía.

Al cuarto día de nacido lo trasladaron a un hospital especializado en niños, con mejores cuidados y atenciones. Allí estuvimos 28 días esperando lo peor. Fueron días de angustia y zozobra diaria hasta que quiso Dios que todo se fuera estabilizando.

Algunos médicos querían operarlo para hacerle la traqueotomía, otros querían esperar. En fin, le hicieron muchas investigaciones y nunca pudieron dar un diagnóstico de mi bebé; él se curó solo.

Estuvo entubado muchos días hasta que decidieron quitarle el tubo para ver qué pasaba. Me lo pusieron al pecho, pues hasta ese momento se alimentaba por un tubo. El cuarto de terapia se llenó de médicos y enfermeras para correr en caso necesario, pero mi bebé tomó su leche después de 28 días como si siempre la hubiera tomado y todos en la sala aplaudieron de alegría.

Unos días después fue dado de alta pero sin diagnóstico, pues todas las pruebas dieron normales. Él siempre se mantuvo muy vital, cosa que alegraba y extrañaba a los médicos a la vez.

Tardé varios meses en recuperarme de los días vividos. Durante 4 meses sentí en mis oídos el sonido del monitor y cuando me bañaba escuchaba el llanto de un bebé, sin que mi niño hubiera llorado. Hoy tiene 7 años, es muy saludable y muy feliz y doy gracias a Dios por tenerlo conmigo.

Sinara Anguita, 33 años
Anthony, FL, EE. UU.

Fui amenazada de muerte por una secta satánica

Viajé a Bogotá y Cali, Colombia, invitada por un grupo de mentalistas llamado "Yo Soy Infinito". Fui solo a cubrir la noticia porque, al ser invitada, me pareció que lograba un punto más para convertirme en periodista internacional. Soy socia honoraria de la Asociación Colombiana de Prensa, de la Federación de Periodistas del Perú y corresponsal de *newt.org*.

Me invitaba la consejera del "Maestro", Claudia Orejarena. Se hace llamar Claudia "la Maestra Infinita" (allí todos son infinitos; yo ya era "Bertha Infinita"). Lo mejor del viaje era conocer gente, vivir nuevas experiencias que enriquecieran mi vida profesional y sentirme realizada como persona, ser orgullo de mis hijos.

Posteriormente la "Maestra" Claudia me quiso cobrar 1500 dólares para la organización: como le dije que era invitada y al periodista no se le cobra, se quedó callada. Al día siguiente de salir de Villa Asís, convento franciscano donde se llevó a cabo la "inmersión", una especie de sanación de cuerpo y alma, comenzó a acosarme con lisuras, insultos y maltrato psicológico.

Me mantuvo incomunicada: no permitía que me acercara a una computadora para acceder a Internet ni me prestaba su teléfono. En Lima mi familia se alarmó, mis hijos estaban preocupados. Claudia me invitó al cine en el Centro Comercial Chipichape de Cali con el chofer de la gente que ella maneja. No acepté; le dije que haría compras de Navidad. Asustada, pensé que dentro del cine me iba a pasar algo: o me dormía, o me pegaba o me mataba, porque la mujer estaba como una fiera por el dinero.

Luego de regresar a Bogotá mis hijos recibieron las amenazas de muerte a mi persona por estafadora, pero antes me torturarían en una cárcel de Bogotá. Mis hijos alarmados, terriblemente asustados, comenzaron a buscarme. Se comunicaron con la embajada de mi país y les dijeron que "Yo Soy Infinito" era una secta satánica que mata por dinero en nombre de Dios; me dieron cuatro horas para dejar Colombia.

Bertha E. Luna, 58 años
Lima, PERÚ

Cielo sordo, tierra muda
(extracto)

Con su cántaro a cuestas venía la pobre niña, escondiéndose de las balas y de la furia de aquella maldita guerra. Sobrevivir en aquel nuevo combate sería cosa de gente privilegiada y con suerte.

La guerra los sorprendió la noche del sábado. Habían estado riéndose y bailando en compañía de toda la familia. Hacía mucho tiempo que no se reunían… desde el más chico hasta el más viejo permanecieron bailando, cantando y celebrando. Una especie de redención envolvió a la familia Castillo aquella noche. Nadie sospechó ni por un momento lo que significaría en un par de minutos el estar reunidos en aquella vieja casa del pueblo.

Era una noche de noviembre. En cada uno de los rincones del país se respiraba paz y tranquilidad. Sin embargo, escondidos entre los montes y arrabales se encontraban ellos, los que en un par de minutos escribirían con sangre la historia de un pueblo que no esperaba una lucha tan desgarradora y sangrienta.

Todo estaba preparado: los rifles, las balas y ese deseo inquebrantable de tomar la justicia con las propias manos. Avanzarían con denuedo y tomarían por sorpresa la capital. Aquella noche de noviembre se tornó en la peor noche de todos aquellos pueblos tan golpeados por la vida.

Eran pasadas las once de la noche cuando se escuchó la primera bomba… la paz y la tranquilidad se desplomaron en un abrir y cerrar de ojos… eran tiempos difíciles… La guerra había comenzado.

Amontonados en una habitación, sin más protección que la de unos viejos colchones, respirando todos el mismo miedo, sudando desesperación, los Castillo hervían como olla de tamales en aquel mísero cuarto que les protegía y refugiaba.

Aquellos días fueron los más difíciles, el olor a muerto se colaba por las rendijas de la puerta, y el hambre comenzó a apretar a los chicos y a los grandes. Nadie tenía valor para salir, las balas perdidas y los gritos despavoridos de soldados y rebeldes eran suficiente para mantener encerrado a todo un pueblo.

No es fácil relatar las vivencias de aquella pobre niña, quien sin entender lo que sucedía salió para acompañar a su abuela aquella mañana. Las cosas se habían calmado; tenían que ir en busca de agua. No fue fácil la travesía… ambas salieron levantando débilmente una banderita blanca.

En ese atentado murieron todos los amiguitos de la niña. Ella caminaba asustada y temblorosa, con su bandera blanca levantada, mientras que en el cielo los helicópteros esperaban el momento indicado para bombardear aquellas calles que estaban completamente chamuscadas.

Habían conseguido el agua y se disponían a regresar. La fila había sido extensa; el sol y el hambre estuvieron a punto de vencer a la niña y a su abuela. Ambas caminaban temblorosamente por aquellas veredas polvorientas, debían rodear el pueblo y caminar sigilosamente por el medio del monte y de los arrabales, su banderita blanca en alto, para que no las mataran, por error, los de la Armada.

El sol quemaba, principalmente en aquellos caminos

desérticos. La niña y su cansada abuela estaban a punto de cruzar la línea del tren, solo cinco minutos las separaban de aquella vieja casa, donde por fin se sentirían a salvo. Pero sus planes se vieron truncados, y el agua por la que tanto habían arriesgado jamás llegaría a casa.

Una fuerte explosión se escuchó a lo lejos, pocos segundos después era imposible distinguir entre un disparo o la explosión de una granada. La gente corría despavorida, poseídos por el miedo y por la desesperación. Todos corrieron, todos, menos aquella niña, quien continuaba sosteniendo con una mano el cántaro de agua y con la otra, con la otra sostenía inútilmente su banderita blanca.

Jamás olvidaré la mirada azabache de aquella morenita, su vestido celeste y su cabello rebelde. La expresión de sus ojos asustados se quedó grabada en mi memoria. Caminó lentamente, cruzó la línea del tren, levantó temblorosa su banderita… entonces una bala la mató.

Entre los matorrales, escondiéndome del sol y de las balas pude ver como los ojos profundos de aquella niña se cerraron. Su cántaro y su alma en aquella tierra polvorienta se quebraron. Entre los matorrales me escondía yo, el miserable que disparó aquella maldita bala. Y en el silencio más cobarde seguí disparando.

El sol quemaba y los remordimientos me acechaban, la conciencia me atajaba y la soledad me embargaba. Ante un cielo sordo y una tierra muda… me persigné.

**Marisol Flamenco, 26 años
Silver Spring, MD, EE. UU.**

Soy inocente y lucharé hasta demostrarlo

En el 2007 trabajaba como pequeña empresaria en mi oficina de turismo y alquilaba una cafetería, con opción a compra, para transformarla en un restaurante turístico. Los dueños (uno de ellos guardia civil) tenían una inmobiliaria y habíamos acordado que me tramitarían la compra.

Tres meses después, con todo equipado, me pidieron las llaves del local para hacer la tasación para la compra y no me las devolvieron jamás. Me dijeron que yo sería detenida por estafadora y que no tenía perfil para comprar nada. Después de alguna discusión pedí que me dejaran sacar lo que estaba adentro pero me lo negaron. Puse una denuncia y volví cinco veces al cuartel de la guardia civil para que aceptaran mi lista de haberes que había quedado adentro.

A la quinta visita, fui detenida delante de mi hijo menor de edad. Los dueños y los empleados me habían denunciado, diciendo que les había pasado cheques y pagarés que no habían sido pagados. Pasé 19 horas encerrada entre paredes salpicadas de sangre y suelos muy sucios.

El día siguiente fui llevada a juicio y me quedé en libertad condicional firmando cada 15 días. Me habían quitado todo... el dinero en caja, todos mis haberes y algunos de mi familia, el ordenador de mi oficina y lo más preciso, mi local de trabajo. Todo había sido un complot.

El 13 de noviembre fui juzgada y condenada a 2 años de cárcel. Mi abogado continúa luchando por mi libertad. Hasta que se sepa la verdad, esté dónde esté, tenga la edad que tenga, lucharé por ella. Siempre seré una ciudadana del mundo.

Teresa, 49 años
Huelva, Andalucía, ESPAÑA

Borracho y rodeado de drogadictos, oí Su palabra

Yo he sido bendecido. Si fuera un pagano, como lo fui casi toda mi vida, diría que fui muy afortunado. Sucede que mi vida podría resumirse como un "hambre crónica de Dios".

Yo soy un médico misionero convertido a Cristo desde el año 2000. Viví en angustia durante 14 años. No era feliz. Me salí de mi casa y me fui, como un auténtico loco, a vagabundear por los caminos. Caminé por muchos caminos y carreteras (Jalisco, Michoacán, Guerrero, Oaxaca, Chiapas, Guatemala, Belice) durante 17 meses, ¡de ida solamente!

Un día me encontré con un pastorcito muy ancianito, en lo alto de una montaña. Estaba cuidando un hato de chivas y sentado sobre una gran piedra plana. Me acerqué a él y después de un rato le pregunté:

—Oye, Viejis, ¿tú conoces a Dios? —y él me contestó:

—Pues yo no sé hijito. Yo nada más sé que yo lo miro y Él me mira.

Desde ese momento yo quise amistarme con Dios. Quise desde entonces tener una comunión con Dios y sentí "hambre de Dios".

Pero habrían de transcurrir otros años para que acudiera a un templo, en deplorables condiciones.

Una noche estaba bien borracho, en un callejón lleno de pandilleros y drogadictos (ahí me dormía), acostado sobre un cartón. Estaba tapado con una cobija llena de agujeros, cubierto de vidrios (los pandilleros se habían peleado con botellas y lámparas de vidrio). Eran las 4 de la mañana, hacía mucho frío y estaba lloviendo muy finamente. Por fin escuché la Palabra y un tiempo después me convertí, me bauticé y me instruyeron.

Ahora soy un médico gratuito. Ando por las comunidades pobres, indígenas, atendiendo a campesinos agricultores pobres, levantando obras de desarrollo de las comunidades, dispensarios médicos, etcétera. ¡Toda la gloria sea para el Señor!

**Anónimo, 74 años
Juventino Rosas, Guanajuato, MÉXICO**

Despertó dentro del lodo, su bebé nunca apareció

Vivíamos en el centro de la ciudad de Manizales, departamento de Caldas, pero pagando alquiler. A mamá le ofrecieron una casa en un barrio nuevo en las afueras de la ciudad. Ella, muy feliz, pensando en tener una casita propia, no lo dudó un instante.

Debían bautizar a mi hermanita ese fin de semana pero mamá decidió dejarlo para luego, ya que tenía muchas ganas de estrenar nuestro nuevo hogar.

Llevábamos tres días allí. Esa noche mi hermano mayor estaba muy inquieto e intranquilo. Tenía mucho temor por un hilo de agua que pasaba por el patio trasero de la casa. Arriba de la montaña había un tanque de agua y el hilo de agua se desprendía de ahí. Le rogó tanto a mamá que no se acostara en su cuarto, que ella decidió acostarse en el de mis dos hermanos, con la bebé y conmigo.

Mamá recuerda haberse despertado entre el lodo, escuchando gritos y llantos. Empezó a buscarnos y encontró primero a mi hermano mayor, luego a mí, según ella dormida. Yo más bien creo que estaba inconsciente. Luego encontró a mi hermano segundo con un clavo metido en el párpado.

Al escuchar que podía haber otra avalancha, decidió sacarnos a los tres hasta la carretera y pedirle a quien pasara que nos llevaran y nos entregaran a nuestro papá.

Al ver el estado en que estábamos y al ver la catástrofe tan terrible, esas personas no solo nos acogieron a nosotros tres, sino que tomaron a mamá a la fuerza y la metieron en el carro y nos llevaron al hospital más cercano para luego avisarle a papá.

Mamá gritaba, chillaba y suplicaba por la bebé. Ellos no la escucharon. Temían que una nueva avalancha la dejara sin vida. La niña jamás fue encontrada. Fueron muchos los muertos, muchos los desaparecidos, y el dolor y el miedo aún nos acompaña. Cada vez que llueve y estoy en el campo siento mucho miedo y pánico.

Esta es la historia que me han contado. Yo no recuerdo nada. Todo debe estar ahí oculto en mi cerebro y surgen destellos cuando algo parecido me lo recuerda.

Patricia Lara, 45 años
Medellín, Antioquia, COLOMBIA

Embaracé a mi novia por irresponsable

Cuando uno es joven, pocas cosas le pueden importar y se suele pensar de una manera muy absurda y soñadora. Ese fue mi caso. Mi historia es lo que considero lo peor que me ha podido pasar.

Hace más de un año conocí a una chica muy linda y empezamos a vivir muchas cosas juntos. Ella vivía a cuatro casas de la mía, en un barrio que se llama "La Ceiba", en donde reinaban los chismes y la gente envidiosa.

La chica se llama Fani y tenía un poco de mala fama en el barrio, pero eso a mí no me importó y me enamoré de ella. Descubrí que muchas veces la gente habla muchas cosas que son pura basura y dañan la imagen de otras personas. Resultó ser que Fani no era nada de lo que decía la gente. Ella solo era una persona con una forma de ser diferente a la de todos los demás.

Fani empezó a quererme mucho y dejó a su novio por estar conmigo. Avanzaron las cosas entre nosotros y a los 4 meses de conocernos empezamos a tener relaciones. Exactamente un 2 de agosto tuvimos nuestro primer sexo y fue lo máximo. Cuando se empiezan a experimentar estas cosas por primera vez y con alguien a quien quieres mucho es muy lindo.

Recuerdo que siempre molestaba a mi mamá, preguntándole que si no quería un nieto, pero solo por molestarla, ya que con la situación que se vivía en mi casa eso no era posible.

Pronto llegó el día en que todo salió mal. Mi novia salió embarazada y entre los dos decidimos no tenerlo. Sin consultar a nadie más compramos unas Cytotec (una pastilla abortiva). Fani se las tomó pero no le funcionaron.

Empezamos a sufrir todo esto del embarazo juntos, hasta que ya definitivamente no se podía ocultar más. Se enteraron mis padres y los de ella. Todo fue un martirio y lo sigue siendo, debido a que esta situación todavía no termina porque apenas me está ocurriendo.

Hoy debo ir al hospital, a mi novia le harán una limpieza y todo por tener sexo irresponsablemente.

Arturo, 18 años
Barranquilla, Atlántico, COLOMBIA

Me volví loca en cuanto lo vi, pero no funcionó

Lo peor que me ha pasado fue conocer a Víctor. Este hecho cambió radicalmente mi vida. Antes de conocerlo tenía una vida tranquila, un novio que me quería, la confianza de mis padres y la estabilidad mental que cualquier chava de veintitantos puede desear, incluyendo el cuerpazo que tienes a esa edad. Es impresionante cómo un simple hecho de intercambio de miradas y sentir mariposas en el estómago puede cambiar y poner de "patas para arriba tu vida".

Todo comenzó cuando fui al banco a abrir una cuenta de ahorros y ahí estaba, sentado con la sonrisa de oreja a oreja, de trajecito, oliendo delicioso y súper amable. Intercambiamos algunas palabras, miradas, frases nerviosas y abrí mi cuenta. Al terminar mi mamá me dijo: "Tú ya tienes banquero", pero obvio, la adrenalina que me hizo sentir en esos 15 minutos no me la había hecho sentir mi relación de 2 años y medio.

Le regresé la sonrisa a mi mamá para hacerla sentir que todo estaba bien... Y estuvo, durante algunas semanas, hasta que, haciéndose valer de su posición dentro del banco, me marcó. Esa llamada llena de nervios, manos sudadas y contestaciones estúpidas, nos llevó a salir a bailar a un bar el viernes por la noche. Salimos, bailamos, nos emborrachamos, nos acostamos y fue el principio del fin. No llegué a dormir, mis papás me buscaron hasta en hospitales y yo en su casa y con una cruda mortal que ¡no me estalló la cabeza de milagro!

Ahí empezó la cruz de mi calvario que duró 13 años, con algunos años viviendo juntos, bipolaridad o todo lo que da, llanto, mentadas, felicidad, abandono de buenas relaciones con buenos prospectos y la dura sensación de haber dejado pasar los mejores años de mi vida por algo que, desde un principio, estuvo chueco.

Beatriz Williams, 32 años
México, D.F., MÉXICO

Salí casi ilesa de Cuidados Intensivos

Mis constantes dolores de cabeza siempre me tuvieron muy preocupada y asustada, ya que mi madre murió de un tumor cerebral cuando yo solo tenía 3 años. Eso hacía que de alguna manera descuidara un poco mis visitas al médico, ya que cuando iba achacaban todos mis males a la artrosis y la ansiedad.

Una mañana me desperté con muchos mareos y decidí ir al neurocirujano que me trataba la artrosis de las cervicales y que recientemente me había operado del túnel carpiano. Como siempre, me acompañaba mi querida hermana Mari. Al explorarme noté que me miraba muy fijamente a la cara, y pensé: "¡Qué descarado!". Cuando me senté en la mesa su pregunta fue: —¿Siempre ha tenido usted la misma cara?

Yo, con mi constante humor, le contesté: —¡Sí! ¡Siempre he sido así de guapa!

Y él, con seriedad, me contestó: —Es que tiene usted rasgos acromegálicos. ¿Lleva alguna foto suya antigua que mostrarme? —me preguntó.

—¡No! —le dije.

Aquello me parecía algo surrealista; me hizo un informe para llevar al endocrinólogo. Le pregunté qué era la acromegalia y él me contestó que ya me lo explicarían.

El endocrino me explicó muy bien lo que era, una enfermedad rara que la padecían 6 de cada 100 000 personas, un tumor en la hipófisis. A partir de ahí, y aunque disimulaba ante mi familia, se disparó dentro de mí un miedo terrible. Recordaba lo de mi madre, y es cuando empecé a notar mis rasgos acromegálicos: la nariz ensanchada, la lengua grande, la mandíbula más pronunciada, el entrecejo algo abultado, los pies me aumentaron 2 números y los anillos no me cabían; tuve que cortar mi argolla de matrimonio para poder sacármela.

Después de todas las pruebas, se confirmó el diagnóstico: macroadenoma hipofisiario, productor de hormona del crecimiento. Inmediatamente vino la orden de operación.

Tuve la suerte de que acababan de sacar al mercado unas inyecciones y pocas personas las habían probado aún. Era un inhibidor de la hormona del crecimiento para reducir el tumor y facilitar su extirpación. Cada una costaba 1200 euros y me pusieron 4.

Finalmente llegó el día de la operación y para no preocupar a mi hermana y a mi marido, quienes me acompañaron al quirófano, sonreía todo el tiempo, pero por dentro me comía el miedo, y más cuando antes de entrar nos dijo el cirujano: "Cuando termine irá para la Unidad de Cuidados Intensivos". Casi me desmayé al entrar al quirófano; vi la camilla y mucha gente con bata blanca que me rodeaban y hablaban entre sí. Quedé dormida pronto y, al despertar en Cuidados Intensivos, estaba intubada, sin fuerzas y con una sed terrible. Así estuve mucho tiempo y no me podían dar agua. Al fin subí a la habitación y me rodeó mi familia, mi marido y mi hermana a quienes tengo que agradecer eternamente su apoyo y cariño.

Desde ese momento y hasta ahora, 4 años después, no he necesitado de ningún tratamiento; mis niveles hormonales se estabilizaron desde el momento de la intervención. Quedó un residuo que aparece en la resonancia, pero no me ha afectado hasta el momento. Dios quiera que siga así para siempre.

Carmen Jurado Guillén, 49 años
Cádiz, ESPAÑA

Los 9 asesinos violaron a la niña ante sus padres

—¿Vas a hablar, flaquito? Las palabras iban acompañadas de golpes dados a manera de azotes con un cable portador de electricidad que provocaba la contorsión del cuerpo del hombre atado al elástico metálico de una cama. A cada rato lo rociaban con agua para pasar de nuevo el cable o apagaban el cigarrillo en sus testículos.

Sintió como la fuerza brutal del policía empujaba algo frío y duro en su ano y gritó. Partían su cuerpo en mil pedazos. Creyó sentir que su cabeza estallaba y le dolía la zona perianal por lo que metían y sacaban en su ano con brutalidad.

No sabía en qué lugar estaba y mucho menos qué día o qué hora era. Cuando la inconsciencia dominaba su cuerpo los torturadores lo dejaban tirado desnudo en lo que a él le parecía un calabozo. Cuando, a pesar del dolor, su cuerpo despertaba todo era noche. Los ojos vendados y las manos esposadas a la espalda acentuaban el padecimiento. El torturado observó tirados en el piso otros cuerpos desnudos, vendados y esposados como él. Así pasaban los días…

Su cuerpo estaba lastimado en varias partes. Sus muñecas comprimidas por las esposas estaban marcadas, las manos hinchadas. Sentía un fuerte ardor en los genitales quemados por los cigarrillos y la picana. Toda contracción en el esfínter anal le producía un dolor agudo. Además de la manguera, el bastón y los cigarrillos apagados en el orificio, también soportó la violación que le produjeron serias lesiones en el ano.

Los torturadores se colocaron capuchas en sus cabezas y a un hombre y a una mujer les quitaron las vendas. Dejaron tirada en el piso a la mujer y recomenzaron con el hombre. Violentos eran los golpes propinados. Lo quemaron en sus genitales con los cigarrillos que estaban fumando. Ninguna de las dos personas habló sino para manifestar su dolor y un eterno "yo no sé nada, señor".

—Ah, no sabes. Te voy a refrescar la memoria. La regional La Plata de la "orga". Quiero saber todo...

—Yo no sé nada, señor.

—Seguís haciéndote el duro... Bueno muchachos... Háganle conocer el cielo aunque va a tener que pasar por el infierno.

Todos los encapuchados se desnudaron de cintura para abajo.

El horror por lo que esto implicó ganó el ánimo de los padres que suplicaron por su hija. Los encapuchados ya estaban acostumbrados a participar en este tipo de actos de malsana violencia que no discrimina edades, sexo o condición, llena de una perversión sin límites ni pudor.

La nena miraba aterrada a los hombres encapuchados y desnudos que comenzaron a manosear sus genitales y se tapó los ojitos. Estaba en la edad de las muñecas y los juegos infantiles al igual que las hijas de esos hombres que reían con procacidad.

Dos de los policías le arrancaron la ropa a la nena que gritaba asustada y la pusieron sobre la mesa sujetándola desde cada lado. Atenazaron con sus manos fuertes cada uno un brazo y una pierna. Así su cuerpecito quedó expuesto. Era tan delgada y pequeña...

En su cara bañada en lágrimas había una expresión de horror que el torturador no podrá borrar de su memoria mientras viva. Sus ojos grandes estaban abiertos, llenos de lágrimas y de miedo.

Los nueve torturadores participaron de manera activa en la violación sistemática de la pequeña.

Al tocarle el último, ella para entonces era una muñeca de trapo, inerte.

Sobre la mesa un gran charco de sangre del que alguna gota cayó al piso mezclada con excrementos liberados por el esfínter sin control.

Cuando ese momento de horror terminó, sacaron a la pequeña envuelta en una manta convertida en un guiñapo sin vida. De la misma manera sacaron a los padres.

Alfredo Heredia, 58 años
Buenos Aires, ARGENTINA

Escapé de ser fusilado por la guerrilla comunista

Nací en 1947 en Medellín, Colombia, un año antes del asesinato del líder liberal Jorge Eliécer Gaitán. En la orgía de destrucción que se desató a raíz de ese aciago suceso, mi familia, que había traído al país la ropa en serie y la producía con licencia de una marca americana, perdió las fábricas y los almacenes en el torbellino de incendios que dejaron en cenizas gran parte de Bogotá.

Medellín recibía las migraciones campesinas provocadas por la violencia en todo el país, las cuales le iban a dar ese carácter campesino característico al devenir de la sociedad medellinita.

Mis primeros años pasaron entre la vida tranquila al lado de la carrilera del tren que comunicaba a Medellín con distintos destinos del país, mi ingreso a la escuela primaria y las noticias de la guerra en el campo que no se detenía y que, como sombra, me acompañaría durante toda mi existencia bajo sus diferentes matices: desde la guerra liberal-conservadora hasta su conversión en guerra de guerrillas comunistas contra el sistema capitalista.

La Revolución Cubana me sorprendió entrando a la adolescencia. Los barbudos de Fidel Castro se nos hacían seres míticos y nos impresionaban de manera tal que perturbaban nuestros sueños.

Al ingresar al bachillerato, en Europa se producían los levantamientos estudiantiles reproducidos en toda América Latina, y nosotros participamos activamente en las revueltas contra la policía y quebrábamos a piedra cuanto vidrio se nos atravesaba, sin entender muy bien el porqué.

Esta actitud rebelde me hizo peregrinar por varios colegios públicos hasta terminar a duras penas el bachillerato. Ingresé a una escuela de Leyes en Medellín en donde finalmente terminé el periodo de formación educativa.

El ser abogado no fue lo más placentero, pues a un joven recién salido de la universidad le tocaba el triste papel de embargarle los pocos bienes a los pobres para dárselos a los tenderos y dueños de almacenes.

Ante el asombro de todo el mundo, decidí que esa no iba a ser mi carrera. Quería ser piloto de helicópteros. Pero antes de concretar este sueño, fui profesor en la universidad durante siete años, profesión que también abandoné en aras de aprender a volar.

Mientras tanto, daba mis primeros pinos en la escritura de artículos periodísticos y cuentos. Colaboraba con cuanta publicación quisiera acoger mis artículos que, de alguna manera, tenían buena aceptación.

Fui un piloto tardío, ya tenía más de treinta años, y en las diferentes empresas muchachos más jóvenes hacían cola para ingresar como copilotos en la pocas aeronaves que surcaban los cielos del país. Por lo tanto no había empleo. El narcotráfico obligó al estado a emitir leyes que regulaban estrictamente las operaciones aéreas. Borraba de un solo tajo la aviación privada y no nos quedaba más remedio que aspirar a ocupar alguna plaza en las pocas empresas aéreas comerciales existentes, lo que era casi un imposible.

Acabé finalmente sacando oro en la región del nordeste

antioqueño, rica en este metal. Me asocié con un individuo originario de la región que poseía un título de minero. Junto con este, apareció la guerra tocando a nuestras puertas. Las guerrillas comunistas en los anteriores años habían tenido un relativo auge y en este momento eran los amos y señores de la región en donde realizaba mis actividades mineras. Los conflictos laborales, y de cualquier tipo, eran resueltos por los comandantes guerrilleros. Más de una vez me tocó enfrentarlos para defender mis derechos como empresario minero. Para ellos yo era enemigo de los trabajadores y campesinos y, por ende, de las guerrillas. Era posible que no se regresara con vida de una de esas citas.

Posteriormente y como consecuencia del avance de las guerrillas, apareció su contrario: Las Autodefensas Unidas de Colombia (AUC), fuerzas militares irregulares que, de la noche a la mañana, se fueron posesionando de la región a sangre y fuego, asesinando a todo el que tuviera contacto con la guerrilla. Debido a que habían matado a varios empleados míos, le dije francamente a la comandancia que en esa región nos iban a tener que asesinar a todos porque en cierto modo tuvimos contacto con una fuerza dominante antes que ellos.

Transcurrieron varios años y la presencia de estas fuerzas nos alivió un poco la presión negativa que ejercían las guerrillas, en especial contra nosotros los empresarios, por lo que considerábamos a las AUC más cercanas a nosotros que a ellos.

Un día, de finales de la década de los noventa, me hallaba en las instalaciones de la mina, hacia las siete y media de la noche, cuando decidí ir al pueblo a pasear un poco antes de acostarme. En el camino fui detenido por un grupo de hombres armados que realizaban actividades de presencia en la carretera. Pensé que eran de las AUC, con los cuales no tenía ningún problema. Varios fusiles AK-47 me apuntaban obligándome a detenerme. Extrañado por la actitud agresiva, pregunté el motivo de mi detención. Fui obligado a bajar del carro en medio de una lluvia de golpes e insultos. "Somos guerrilleros del Frente María Cano", dijo un joven de no más de 16 años que me apuntaba con un arma más grande que él.

Comprendí que estaba en peligro de muerte porque váyase a saber cuáles eran las órdenes que traían estos individuos. Otro de los jóvenes me acusaba de ser un dirigente paramilitar. Consideré inútil responder a las preguntas y decidí dejar que las cosas sucedieran como debían de suceder, me dejé caer en las manos del destino.

Me obligaron a marchar hacia un descampado que terminaba en una hondonada de unos diez metros de profundidad. De ahí no podía seguir más por lo que consideré que la intención de los guerrilleros era fusilarme.

Conocía muy bien cuanto camino y recoveco cubría la región. Sabía que después de la hondonada se podía salir casi al mismo centro del pueblo. Sin pensarlo dos veces, y después de oír el ruido de cerrojos de fusil, me arrojé al pequeño precipicio. La noche era oscura y sabía que una vez cayera al fondo podría perderme entre el monte. Y así ocurrió, fue tan rápida mi acción que me les desaparecí a los guerrilleros como por arte de magia, salvándome del fusilamiento en marcha.

Luis Tejada Yepes, 50 años
Medellín, Antioquia, COLOMBIA

Fotografía del alma

Odio las entrevistas de trabajo. Bueno, en general, creo que todos los desempleados las detestamos. El "cuéntame acerca de tu experiencia laboral" condimentado con "¿cuál es tu mayor éxito en la vida?", pasando por mi peor defecto... o el siempre irritante "¿cómo te ves de acá a cinco años?".

No me veo. Al menos, no trabajando. Y si algo he aprendido de tanto deambular en busca de un puesto laboral, es que la sinceridad es un error imperdonable. La actuación, en cambio, puede ser la mejor manera de camuflar deficiencias (al menos por cierto tiempo).

En cierta oportunidad tuve el valor cívico de decirlo:

—De acá a cinco años... no me veo.

—¿No te ves trabajando? —inquirió el sujeto medio asombrado.

—Simplemente no me veo... en ningún lado —culminé muy suelto de huesos.

Recuerdo claramente su "me gusta tu sinceridad, pero no te veo muchas chances".

Ayer fue la última de todas. Lo miré con decisión y, antes de que me largara su rollo, le dije que obviara todas las preguntas:

—No me pregunte nada, no perdamos el tiempo. "*Time is money*", como dirían los gringos.

—¿Qué le pasa? —preguntó desconcertado.

—Quiero trabajar, con eso debería de bastarle, ¿no le parece?

Mientras fumo un cigarrillo, sigo esperando su llamada y mientras me río de mí mismo de mala gana —pero de todas maneras río— me pregunto si acaso algunos nacimos para buscar empleo.

Y este breve texto (o esta "fotografía del alma" como la llamó el locuaz reclutador de esta transnacional telefónica) vendría a ser la cereza que adorna al pastel: redacto líneas a pedido de un empleador que quiere verificar que domino con decoro mi lengua nativa.

No osé aclararle que soy escritor porque esta referencia nos resultaría chocante tanto a él como a mí. Creo que más a mí pero, de todas formas, no importa. Él leerá este texto cuando ya me haya ido. Y yo esperaré su llamada.

**Orlando Mazeyra Guillén, 28 años
Arequipa, PERÚ**

De lo efímero y lo eterno

A la niña que me ayudó solo le daban 3 meses de vida

Una semana antes de cumplir 26 años, me diagnosticaron cáncer del seno. Me sentía culpable de algo porque no entendía por qué me había tocado justamente a mí. Mi novio, Carlos Alberto, fue bueno al principio, pero cuando supo que el proceso de curación duraría por lo menos dos años, buscó un pretexto para pelearse conmigo. Mi abuela materna falleció dos meses después de que yo comenzara mi tratamiento de quimioterapia. Murió de cáncer de páncreas. Tuve que dejar mi trabajo y mis estudios de maestría en educación. Odiaba mirarme al espejo y todo me parecía inútil. Estaba sentenciada a muerte y suponía que cada tonto tratamiento era para alargarme el suplicio. Pero no fue hasta un año después de iniciar el tratamiento que me di cuenta de lo maravilloso que era echarle ganas a la vida.

Malena Hinojosa, una niña de 9 años, se sentó casualmente frente a mí en el hospital y me miró fijo a los ojos. Ella me hablaba de todo lo que haría cuando fuera grande. A ella acababan de diagnosticarle leucemia y los médicos le daban solo 3 meses de vida, según me dijo uno de los familiares que la acompañaba. La niña lo sabía, pero aún así, hacía planes a largo plazo.

Esta lección de dignidad y sabiduría, me hizo sacar fuerzas de no sé dónde y apostar por la vida.

Hace 7 años que libré la batalla contra el cáncer del seno, y aún sigue en mi memoria la mirada de aquella niña que no pudo realizar sus sueños, pero ayudó, sin saberlo, a que yo realizara los míos.

Dinorah Torres, 33 años
Santa Bárbara, CA, EE. UU.

Mientras enfrentaba el cáncer, mi esposo me traicionaba

Tenía yo 25 años y acababa de dar a luz a mi cuarto hijo. Fue un parto normal, pero no me recuperaba. Los médicos comenzaron con pruebas y estudios y después de una semana descubrieron que había un tumor en mi ovario derecho, "con textura dura", dijeron. Fui trasladada a un centro experimentado en otra ciudad.

Yo vivía en Argentina en ese entonces. Dejé a mis cuatro niños, uno de ellos recién nacido, para someterme al tratamiento del cáncer. Mi esposo en aquel entonces no me acompañó a esa cuidad así que se hicieron cargo un hermano suyo y mi suegra.

Pasé mucho tiempo en ese hospital, con tratamientos dolorosos, rayos, quimio, y durante ese mes, en una sola ocasión, mi esposo se apareció por allí.

En uno de esos días en que todos creyeron que estaba bajo los efectos de las drogas, alguien, no sé quién, dijo a media voz: "Pobrecita y él con la otra de lo más tranquilo...".

Ya con anterioridad mi esposo se había mostrado distante. Yo tenía sospechas de infidelidad pero no lo creía capaz de tanto. Solo estaba mi papá acompañándome en ese momento, ya que mi madre no soportaba verme así.

Pasó el tiempo y Dios me ayudó a salir de semejante trance. Volví a mi vida normal, solo que al año mi esposo y yo nos separamos. Él se fue con otra, mis hijos solo tenían 5, 4, 2 y 1 año. Era verdad lo que entre calmantes había escuchado, pero logré vencer al cáncer y lo demás sirvió de experiencia.

Hoy tengo 40 años, vivo en Estados Unidos y mis hijos están conmigo. Ya tienen 24, 23, 20 y 17. Hace un año me extirparon el útero junto con mis ovarios y ganglios porque el cáncer regresó... ¡pero yo sigo viva gracias al amor de Dios y mis hijos! Estoy fuerte, segura y alegre. ¡Vivo cada día como si fuera el último! Soy feliz, pese a todo. La vida no ha sido fácil, pero tampoco imposible de vivir.

Merianne, 40 años
Houston, TX, EE. UU.

El cáncer se llevó a mi amiga de solo 23 años

Cuando mi mejor amiga me dijo que tenía cáncer de útero, sentí que mi cerebro se calentaba y que paulatinamente se enfriaban mis manos. Yo no sabía qué decirle. Estaba bajo un *shock* que parecía una pesadilla. Ella fue más fuerte que yo. La extirpación del tumor tuvo que llevarse a la vez todas las posibilidades de ser madre, a pesar de que ella había cumplido solo 23 años. Luego vino la quimioterapia, y su hermosa cabellera negra desapareció, dejando apenas rastro sobre su cráneo.

Cuando el tratamiento comenzó a surtir efecto, trató de llevar su vida normal. Nos veíamos en la universidad y yo la escuchaba esperanzada y casi feliz. Al cabo de un año, su pelo comenzó a crecer y los médicos prometían que en poco estaría libre del cáncer. Nuevos estudios clínicos arrojaban como resultado cero probabilidades de recaída. Celebramos la noticia.

Yo salí de viaje por un mes y al volver me llamó para decirme que estaba muy mal. Llegué a la clínica y, como siempre, me sonrió. No había nada que hacer. Su cuerpo se había inundado, sin aviso, de células cancerosas y ningún tratamiento parecía efectivo. Para mí era imposible aceptar que mi amiga joven, más joven que yo, se moría, mientras el mundo seguía su curso normal. Era como si la palabra "Dios" en ese momento no significara nada. Vacío. Soledad.

Nadie más entenderá ese dolor e impotencia. Pasé unas horas con ella hablando de que lo superaría. Salí sin saber que nunca más vería a mi amiga. Nunca más la vi. Hoy me consuelo buscándola entre la gente, como si viviera. Creo que, si existe algún cielo, allí debe estar ella, como siempre, y a pesar del dolor, sonriendo.

Eva, 27 años
Santo Domingo, REPÚBLICA DOMINICANA

R tenía 21 años, era gay y se iba a morir de sida

Tenía 21 años. Era la persona más inteligente que he conocido y trabajaba en la compañía que él había fundado a los 18. No fue a la universidad. Se llamaba R, tenía 21 años, era gay e iba a morir pronto.

R y mi esposo, Mark, estaban fundando un negocio de *software*. R era alto, muy delgado, rubio y con rostro angelical. Usaba *jeans* ajustados, camisas formales y sombrero tejano. Era risueño y platicador. Por su juventud, era difícil creer que era un exitoso ingeniero autodidacta. Poco a poco iba sabiendo cosas de su vida que él comentaba sin dar detalles. Sus padres eran mormones y cuando él salió del clóset, lo corrieron de su casa. Tenía 15 años.

Hace poco, Mark recibió un *e-mail* titulado "Renuncia".

Era R: "Perdón. No puedo seguir siendo presidente. Me mudo a mi pueblo natal por el tiempo que me resta".

R no contestó los *e-mails* subsecuentes, pero nos citó en el banco para transferir las cuentas del negocio.

Llegamos al banco y R ya nos esperaba. No comentó nada, excepto lo relacionado con el negocio. Estaba nervioso, pálido y muy ocupado. Se mudaba en tres días. Mark le preguntó si tendría la atención médica necesaria en su pueblo:

—Eso ha quedado fuera de la ecuación —dijo.

—¿Desde hace cuánto lo sabes? —le preguntó.

—Desde hace tres años.

—¿Tus padres lo saben? —preguntó Mark.

—No.

Tratando de que la plática volviera a los negocios, él dijo que enviaría un documento legal que explicara que estaba físicamente incapacitado para trabajar. "Para los inversionistas", comentó.

A la salida del banco no había nada más que decir. R debía volver a su oficina.

Era la última vez que lo veíamos. Cualquier despedida sonaba estúpida. Mark le dijo que había sido un placer trabajar con él.

Yo quería abrazar a R, pero él tenía las manos en los bolsillos y ya se estaba yendo. Volteé a verlo. Rubio, alto y delgado. Una versión adulta de "El Principito".

R iba a volver con sus padres y decirles que se estaba muriendo de sida. Había tenido una vida muy difícil... y tendría una muerte muy difícil. Tenía 21 años y un futuro prometedor.

Marlen, 27 años
Puebla, Puebla, MÉXICO

Hablando de la muerte
y por poco lo matan

Tenía 20 años. En aquellos días, para poder ir en la mañana de mi casa a la universidad, era necesario tomar unas pequeñas camionetas de máximo 10 personas. Cuando subí no había puesto y quedé en los escalones enfrente de un señor de unos 50 años, que evidentemente no era de la ciudad, sino de la costa. Tenía en su sangre esa calidez que le daba la facilidad de entablar conversación. Debido a la incomodidad del vehículo, él señaló que era peligroso andar así en esos vehículos.

Le contesté: —Finalmente la muerte está en todos lados. Quizás por eso es que existe el miedo en muchas personas.

Él sonrió y dijo: —Eso es cierto.

Me contó que él había tenido un amigo que había estado en el ejército, y que pese a que había estado en batalla nunca había muerto, aunque lo habían herido varias veces en combate. Luego de estar pensionado y estando en la finca, una vez llegó y el perro que tanto quería corrió a saludarlo, haciéndolo tropezar. Cuando cayó, dio con una piedra e instantáneamente quedó muerto.

—La vida es así, definitivamente, y así es la muerte —dije.

Seguimos hablando sobre cosas por el estilo, y de como para muchas culturas la muerte justifica la vida. Le conté que había leído a Carlos Castañeda, que en su arte del guerrero existía la creencia de que la muerte templaba el espíritu, y el Hagakure, arte del samurái, donde sucedía lo mismo.

Después de conversar por espacio de media hora, estaba cerca de mi destino y le dije: —Me bajo allí en la siguiente cuadra.

Él sonrió y dijo: —Yo también.

Al bajarnos de la camioneta notamos que el semáforo estaba dañado. Sin embargo seguimos hablando y él, sin mirar bien a los lados, dio unos pasos sobre la calle y en ese instante pasó un carro pequeño y alcanzó a cogerlo de lado. Él dio varios giros, cayendo al piso.

Corrí a ver si le había pasado algo. Vi que estaba bien y no sé por qué razón, le dije: —Hablando de la muerte y ella se nos presenta.

El señor se puso más blanco, se paró inmediatamente y salió corriendo.

Le grite, al alejarse: —Perdón, ¡pero sí ve que la muerte está en todos lados!

**Erebo, 37 años
Bogotá, COLOMBIA**

Soñé con su muerte y murió en un accidente

Durante toda mi vida, sentí que la muerte era algo normal, algo que debía pasar. Según la ley de la naturaleza, naces, creces y mueres.

No comprendía bien lo que significaba que se muriera un ser querido, que se terminara el ciclo de su vida y nunca había perdido a alguien demasiado querido para mí. Las muertes que tuve que sentir en mis adentros eran muertes anunciadas, de familiares ancianos, enfermos, adultos, etcétera.

Pero un día, la tragedia llegó a mi vida de una manera que nunca hubiese imaginado que pasaría. Muchas veces querríamos guardar a esa persona querida en una burbuja de cristal, para que nada malo le suceda.

En fin, esta persona de mi historia, era un gran amor... Tal vez fue mi primer gran amor. Después de dos años juntos, entre idas y vueltas, por fin logramos empezar una relación muy linda.

Un día, como cualquier otro, soñé ver en la tele que anunciaban que él había fallecido. Me levanté muy atormentada. Miles de veces soñé que alguien cercano a mí se moría pero nunca tan latente como ese sueño. Desde allí tuve miedo y aunque intenté advertirle, no pude frenar lo que tenía que pasar.

Tiempo después, él falleció en un accidente de tránsito de una manera muy violenta. Una mañana desperté y me avisaron por teléfono. Mi vida se sumergió en un mar de preguntas y dolor que aún intento resolver.

Ya pasaron tres años desde ese día. Aún lo recuerdo, con su sonrisa, su mirada, su ser...

Después de que él se fue de este mundo, la vida no fue la misma. Era la luz de mis ojos, era mi otra mitad, y aunque él ya no está, los recuerdos me llevan a él siempre. Sé que en algún momento nos volveremos a ver allá en el cielo, o en donde estén todas esas luces hermosas de nuestras vidas que viajan muy lejos, para nunca regresar, pero que solo vuelven en pequeños recuerdos.

Noelia C., 26 años
Resistencia, Chaco, ARGENTINA

Aunque intentó matarme, yo sé que mi padre me quería

Siempre entendí qué era la muerte; no es necesario que alguien muera para saber lo que se siente. Te separas completamente de esa persona y sabes que jamás la volverás a ver. Es difícil.

Mi madre murió de cáncer cuando yo solo tenía seis meses de nacido. No sufrí nada, porque no sentía nada, solo la necesidad de vivir. Pero cuando creces, es otra historia totalmente diferente. Cuando más extrañaba a mi madre, vino la más trágica experiencia de mi vida: mi padre murió de cirrosis hepática.

Había estado trabajando lejos de casa, y justo el primer día de vacaciones, a la hora de haber llegado a casa, él murió en mis brazos. Ese día enfermó y ese día murió. Luchó hasta el último momento durante esas pocas horas en que todo se me vino encima. Fue la primera vez que enfrenté la muerte de cerca. En ese momento me sentí impotente. Ver a mi padre muriendo, completamente pálido, delgado y con un deseo de vivir inquebrantable, me hizo sentir tan débil.

Se me hace injusto que esas personas a las que una vez abrazamos, besamos, insultamos y amamos tengan que irse sin despedirse. Si volviera a tener a mi padre conmigo, aunque fuese por una hora, le diría que lo quiero mucho, lo abrazaría y le diría que me siento orgulloso de él. Le dije a mi padre que lo amaba pero nunca logré explicarle cuánto lo amaba. Todo esto a pesar de que él nunca me quiso mucho; siempre prefirió a mi hermana.

Una vez, estando borracho, intentó matarme, pero en el momento de su muerte recuerdo que me miró y me dijo con sus ojos: "No me dejes morir, hijo, te quiero". Le pediría perdón y le diría que lo amo. Me siento mal ahora, porque nunca le pregunté a mi padre cómo se sentía, qué necesitaba de mí. Ahora que mi padre se ha ido, me hago la retórica pregunta: "¿Hice algo por él?". Tal vez no hice muchas cosas, tal vez la muerte no me separe de mi padre completamente. Él aún sigue vivo en mis sueños.

Creo que existe una esperanza; considero fielmente que algún día, de alguna manera inexplicable para mí, pueda reunirme otra vez con mis padres, en algún sitio, en alguna dimensión.

Israel Balaguera, 22 años
Michelena, Táchira, VENEZUELA

Me acompañé mientras dormía

No sé cuánto tiempo pasó desde aquello hasta que volví a abrir los ojos. Pregunté por mi bebé. Mi pareja solo me decía: "Duérmete, duérmete". Estaba oscuro en la calle. Pude ver la ventana, distinguir la habitación y escuchar el ruido de autos cuando desperté. En ese instante, el médico me dijo que corría "riesgo mi vida" y que tenía que ser "muy valiente".

Me dijo que mi hijo había muerto y que yo no estaba fuera de peligro todavía, que sufrí un accidente uterino y no lograron salvarlo, pero intentaban salvarme a mí. Hablaba muy rápido y no me daba tiempo de responder.

No recuerdo si tenía fuerzas para hacerlo, pero sí que pensaba que había dicho cosas que no dije. En ese momento quise llorar, pero al ver mi gesto tomó mi mano enérgicamente y me dijo: "Tus hijos te están esperando y debes luchar por ellos".

De pronto, sentí que acariciaban mi cabello dos personas invisibles. Sé que estaban allí en la habitación conmigo, en mi cabecera. Sentí como mi corazón se inundaba de paz y recobré la fuerza. Enseguida me dijo: "Debes seguir durmiendo y descansando", y agregó: "Si no vemos una mejoría tendremos que operarte de nuevo". Alcancé a escuchar una máquina que reproducía a volumen elevado el ritmo de mi corazón. Me concentré en ese "bip, bip"...

Cuando desperté de nuevo, mi pareja tenía muy mal semblante. Rompió a llorar, pero yo le dije tantas cosas acerca de la fortaleza y de respetar la vida y la muerte con tanta coherencia, firmeza y compasión, que se calmó y se quedó tranquilo. Instantes después me abandoné en los brazos de aquellos que me cargaban y experimenté como ascendía y me alejaba cada vez más de quienes me rodeaban.

Tres meses después, tras la cuarta intervención quirúrgica, y estar en hospitales con muchas complicaciones, me invadió la depresión, el cansancio, la soledad y el deseo de no sentir más dolor. Caminé por el hospital. Vi a una mujer dormida. Me pareció que estaba muy triste. Pensé: "Pobre mujer, está sola. Voy a acompañarla". Cuando desperté, vi que era yo.

Livia Díaz, 41 años
Poza Rica, Veracruz, MÉXICO

Mi madre luchó con valor contra el cáncer

Esperanza era una mujer de 35 años. Hacía honor a su nombre porque era una persona que vivía sin perder las esperanzas de un mañana mejor. Tenía una vida plena, era feliz y luchadora, pero no tanto como su gran modelo de mujer: su madre.

Lidia, a cuyo nombre también le hacía honor (por cómo lidiaba la vida), era una mujer de 55 años. Su historia personal había sido muy dura, pero a pesar de ello era una mujer solidaria, positiva y terriblemente fuerte. Una mujer inteligente, abierta, culta y llena de ganas de vivir. Una mujer muy rica interiormente. Con mucha filosofía y sabiduría, sin duda había sabido capitalizar su paso por esta vida.

Una mañana de octubre, Esperanza acompañó a su madre a un examen de rutina y esa mañana el médico le diagnosticó cáncer a su madre. Desde ese momento comenzó la peor pesadilla vivida por Lidia y Esperanza. Médicos, hospitales, operaciones, quimioterapia. Solo quien ha vivido algo similar sabe lo que se sufre al ver a un ser querido pasar por este calvario.

Esperanza había sacado fuerzas de donde no las tenía para estar al lado de su madre. Pasó por el llanto, el enojo y la ira hasta que llegó la aceptación de la mano de Lidia. Esperanza hablaba mucho con su madre. No se dejaba nada en el tintero por decir o hacer y gracias a esas conversaciones comprendió que parte del proceso de la vida estaba conformada por la muerte y a pesar de estar latente en su madre la sensación de pérdida, Lidia deseaba vivir a lo ancho y no a lo largo y la debía respetar.

Su madre buscaba la plenitud en cada momento que la vida se lo permitía y sacaba fuerzas para cuando la enfermedad le trajera dolor e impotencia. Disfrutaba, gozaba, se permitía llorar, pero volvía a remontar, a salir a flote.

Lidia le regalaba a su entorno y a su hija la mejor lección de vida.

Florencia Moragas, 37 años
Valencia, Valencia, ESPAÑA

Del amor y el desamor

Amo a mi prima, pero ella ama a mi hermano

La había arrancado del rosal del jardín de mi abuela. Una rosa blanca. El color de la pureza. En ella viajaban los suspiros quejumbrosos de mi alma enamorada. Se la daría a ella, a Clara, mi prima; al tiempo que dejaría brotar de mis labios, los cantos encendidos de mi amor, con el que me arrojaría a sus pies pidiendo ser correspondido.

Me miró con sus grandes ojos oscuros que guardaban los reflejos de la España Mora. Había sorpresa. No se lo esperaba. Cogió la rosa en sus manos, aspirando su perfume; sentí envidia de aquella fragancia que tenía la propiedad de penetrar hasta la esencia de su ser.

—Lo siento, Toño —sus palabras aplastaron mi entusiasmo—. Te quiero mucho, como primo; pero nunca podré pensar en ti de otra manera.

Cerré los ojos, un llanto silencioso se estremecía en mi interior. No le respondí, tan solo la vi alejarse con aquella rosa blanca.

Aquella tarde sentado ante los ventanales de aquel café céntrico, esperaba a mi hermano, observando sin gran interés el paso despreocupado de los transeúntes. De pronto lo vi entrar. Era tres años menor que yo. Llevaba un libro en sus manos y la luz de una sonrisa florecía en sus labios.

—¿Y ese libro? —pregunté.

—Me lo regalaron.

—¿Quién?

—La mujer que ha aceptado ser mi novia.

Cogí el libro que me ofrecía, "Las rimas de Bécquer". Al tratar de hojearlo, el libro se abrió como al descuido en su parte central. Una rosa blanca, marchita, aplastada y dolorida al igual que mi alma, se presentó a mi vista.

—¡Clara! —murmuré.

—Sí. ¿Cómo lo sabes? —replicó mi hermano sorprendido.

Quise sonreír en mi amargura, al tiempo que le devolvía el libro.

Antonio Torres Román, 50 años
Daytona Beach, FL, EE. UU.

Mi esposa podría ser mi hija

Habíamos cumplido veinte años de casados cuando nuestro matrimonio llegó a su fin. Procreamos dos varones. Juré no enamorarme jamás. Trabajaba en la Iglesia Católica como laico. Era coordinador parroquial y director espiritual de los jóvenes hispanos adultos de ambos sexos. Veinte años fui voluntario y diez asalariado.

Cuando me casé la primera vez me seleccionaron para el ministerio sacerdotal. La comunidad me acogió con el corazón y yo les regalé el mío. El ministerio más bello fue trabajar con jóvenes, en los "Grupos de Vida". El número de ellos creció hasta trescientos. En un Retiro Espiritual una joven se me acercó para pedir un consejo. Sentí mariposas. No era posible, de modo que dejé libres las mariposas. Me apliqué a los roles culturales y religiosos; consideraba imposible enamorarme de una joven a la que le doblaba la edad.

Dos años después, por el exceso de trabajo, mi salud entró en crisis. Me enviaron al hospital para una endoscopía. Gina me preguntó si podía acompañarme al hospital.

—Sería una felicidad si me acompañas —le dije.

El médico sugirió extirpar el páncreas. Me enviaría al Hospital UCAL.

Gina dijo: —No. Te llevaré con un naturista a Tijuana.

El naturista me dio un tratamiento estricto. Gina se

responsabilizó de ayudarme, convirtiéndose en mi enfermera. Regresamos varias veces al naturista. En una de ellas, sin decirnos palabra, nos declaramos el amor con un beso. Tenía miedo de confundir una pasión con el miedo a la soledad. Pedí al Señor una prueba y me la concedió. No había dudas.

Dimos a conocer al párroco nuestra decisión. En principio aceptó pero después rechazó nuestra petición. La guerra empezaba. El pequeño grupo coordinador de jóvenes de mi confianza fue el peor juez y enemigo. El grupo se dejó manipular. El cura me puso en una disyuntiva: el trabajo o el noviazgo. Sentí una vez más la prepotencia clerical. No acepté. En forma vergonzosa y difamante fui despedido del trabajo.

Siempre he sido fiel a mi conciencia y esta vez no sería una excepción. Contrajimos matrimonio civil y a los pocos meses fue la ceremonia religiosa. Hemos caminado por más de nueve años. Somos felices. Cuidamos nuestro amor. Un amor imposible para unos, escandaloso para otros y hasta ilegal. Qué importa, cuando nos acompaña el Nazareno. Para el amor no existen distancias ni tiempo; somos los humanos quienes levantamos barreras y envejecemos lo que es eterno.

Ernesto Sánchez, 68 años
Salt Lake City, UT, EE. UU.

Estaba casada cuando llegó el amor verdadero

En los años ochenta estaba casada con un hombre nada romántico y tuve a mis tres hijos, los cuales son lo mejor que Dios me ha dado; la mejor experiencia del mundo. En ese entonces no tenía ojos para nadie más pues, a pesar de todo, quería a mi esposo.

En el año 1990 conocí a una persona y desde el primer momento en que la miré a los ojos, sentí que ya la conocía. Lo curioso es que él sintió lo mismo; hubo una atracción instantánea, pero los dos estábamos comprometidos.

Una mañana nos encontramos en el mismo camino y platicamos. Cuando nos despedimos él me dio un beso pero era tanto el nerviosismo que yo giré el rostro para el mismo lado que él y el beso cayó en la boca. Solo nos miramos, pero yo sentí algo muy bonito.

Traté de alejarme de él pero él pasaba todos los días por el lugar donde yo trabajaba y así creció aquello que ambos entendimos perfectamente. Lo más bello fue cuando me entregué a él... fue algo que no puedo explicar. Los dos sentimos algo tan hermoso que después de lo que había pasado lloramos abrazados y él me decía que era su alma gemela, que era la mujer con la que él había soñado. Vivimos 15 años un amor que hasta hoy me hace sentir palpitaciones... lástima que él cayó en el vicio del alcoholismo y esto lo dejó en la calle.

El amor es lo más bello, pero también duele mucho cuando no es libre y se llora con lágrimas de sangre y se siente un dolor fuerte en el corazón. Moriré con ese amor, porque nunca lo dejaré de amar ni dejaré de soñar lo que viví con él; pero por supuesto, amo más a mis hijos.

Yo no pude realizar mi amor por el simple hecho de que los dos llegamos tarde. Ahora vivo bien alejada de aquel hombre que tanto amé y aún amo aunque él crea que ya murió el amor. Cuando estoy a solas a veces lloro, pero la vida es así. Tal vez en otra vida sí realizaremos lo nuestro. Hay amores verdaderos y amores de novelas, sí que los hay.

Chele65, 45 años
San Salvador, EL SALVADOR

Embaracé a mi mejor amiga amando a otra

Era el año 1983. Yo vivía en una urbanización nueva en la ciudad de Lima, Perú. Éramos un grupo de jóvenes que nos encontrábamos por primera vez para conocernos; todos éramos nuevos en ese lugar. Yo estudiaba Ingeniería Electrónica en una universidad privada.

Pasaron los días y conocí a una joven de nombre Susana. Ella estudiaba derecho; llegamos a ser muy buenos amigos, y nació un sentimiento entre ambos que describiría como algo tan necesario como el aire que respiramos. La quería tener lo más cerca posible y le declaré mi amor en una reunión de carnavales. Ella aceptó; fue el momento más feliz de mi vida, pero siempre existe un "pero" en la vida, que si no ha sido bien pensado, trae problemas; eso me sucedió.

Antes de declararle mi amor a Susana, había tenido, y tengo, una amiga con quien salía y que había quedado embarazada pero yo todavía no sabía nada. Enterado de la situación, fui a conversar con ella. Le propuse tener a la beba, y la respuesta de ella fue: "Te casas conmigo o la aborto". No acepté el aborto porque se trataba de una hija mía (estaba seguro) y acepté casarme con ella.

Hablé con Susana y perdí al gran amor de mi vida. Me casé a los 25 años y ahora tengo 44. Aún sigo casado con quien era mi amiga, Nelly. Tuvimos un varón, pero la relación nunca anduvo bien. Ella es una gran mujer; me lo ha demostrado muchas veces, pero no existió, no existe, ni existirá amor. Es mentira eso que dicen de que el amor llega con el tiempo. Yo adoro a mis hijos, pero una relación donde uno avanza y el otro jala, es una relación que está destinada al fracaso.

Cuando el amor se les presente en la vida, no lo dejen. Así parezca que existen los motivos más grandes e importantes. Hagan el esfuerzo por mantenerse junto a la persona a quien aman y luchen por ella, no la cambien como hice yo. El vivir junto a una persona que no se ama se convierte en un tormento de POR VIDA.

Víctor Osorio, 44 años
Huanuco, PERÚ

No reconocí a mi novio después de 5 años

Cuando él tenía 17 y yo 12 años se fue a otro país; nos despedimos con un trágico adiós y perdí todo contacto con él.

Un día, caminando por la plazoleta de un centro comercial que él a menudo visitaba cuando éramos novios, tropecé con él. No lo reconocí; había cambiado físicamente. Yo tenía 17 y él 22 años; creo que él me reconoció ahí mismo, porque me sonrió y me dijo:

—Tus tiernos ojos brillan aún como la estrella que me regalaste al partir.

No entendí de qué hablaba y me avergonzaba aceptar que había olvidado esa estrella. Cuando le pregunté quién era, su mirada fue de desilusión. Borró por completo la sonrisa de sus labios y me entregó una manilla un poco vieja y desteñida de cuero, que guardaba en su billetera y que tenía grabado "J y D" y se fue sin decir adiós.

Cuando la vi me paralicé toda y sentí cómo el estómago se me estremecía… sudé frío y empecé a temblar, le quise gritar, seguirle, pero solo conseguí humedecer mis ojos e ir por otro lado, perdiéndolo de vista.

Yo ya no vivía en la misma casa que él conocía así que, cuando volví al apartamento, pensé en llamarlo, pero no sabía adónde. En el número de su casa de 5 años atrás dijeron que estaba equivocada.

Me sentía frustrada como aquella vez que lo vi partir en un avión. No sé cómo hizo, ni me lo quiere decir. Pero ese mismo día en que creí que lo había perdido, llorando en mi habitación toda la tarde, tocaron a mi puerta. Era él con un gran oso blanco, y me dijo: "Solo volví por mi manilla y por el amor de mi vida".

Eso fue hace tres meses. Tenemos planes de casarnos en dos años, cuando yo llegue a la mitad de mi carrera universitaria y estemos seguros de que ese amor loco y deslumbrante que sentimos la primera vez que nos vimos en el colegio sigue vivo.

**Amor en retorno
Cali, Valle del Cauca, COLOMBIA**

La carta del recuerdo que nunca será enviada

Son las cuatro y muchos segundos de la tarde... ¿Qué te puedo decir?... un segundo más no podrá discutir con el minuto. Sin embargo hizo que descubriera en esta carta lo mucho que te amé y hoy te recuerdo. Es así, unas líneas llenas de... "¿Cómo te va?", "Que te vaya muy bien", "Tal vez no me extrañarás", "¿Me recordarás?".

Un millón de preguntas y el silencio me roban más segundos de mis pensamientos. No queriendo recurrir al pasado, me vi obligada a susurrar al espejo, bañada en lágrimas: "¿Por qué me fui?". Cobardes son mis palabras que tuvieron miedo a vivir.

Deseo describir aquí el día de verano en que nos conocimos, la tarde cuando tomábamos helados y discutíamos los sabores. La brisa despeinando mi melena negra y tú tratando de arreglarla. La mariposa que no pudiste tomar; la flor que me regalaste. Corríamos como dos pequeños traviesos y así fue hasta que llegó la noche. Robando un suspiro trataste más de una vez de tomar las estrellas en mis labios.

Esos recuerdos no se van; llegan cuando alguien pronuncia tu nombre o con la canción que me susurrabas al oído, y la mirada dulce de tus luceros buscando la mía. ¿Me recordarás? Miraba en tus pupilas las mariposas volar. Viví prendida de tu aliento en mi boca. Respiraba el aroma de tu piel. Me dejaste sentir las palpitaciones de tu corazón hasta agonizar y hoy sé que amé sin control un verano azul.

He escrito más de una carta y todas van al basurero porque no me atrevo a enviártelas por miedo al rechazo; es absurdo, lo sé. Tal vez estés esperando una señal y esta es una más de ellas, una carta del recuerdo. Lo más noble que hubo ayer, mi primer amor y te dejé marchar sin explicar el porqué.

Ya han pasado dos décadas y me estoy vistiendo de otoño. Hoy estoy aquí con este tibio café y un lápiz cansado que trata de sobrevivir cada vez que escribo tu nombre. Y así llega mi noche en brazos de la tarde, abrazando mis recuerdos que agobian mi pasos. No tengo más que decir. Lloré más que las nubes. Como siempre, no sé si un día podrás leer mis cartas. Tal vez me baño de valor y te encuentro en el camino. No pasará, lo sé… Me acobarda la idea y este papel tendrá un destino, tus manos… aquí en mis recuerdos.

Gisella, 39 años
Yonkers, NY, EE. UU.

Decía que me amaba pero me golpeaba y abusaba de mí

Cuando un corazón ha sido herido, en este empieza a nacer la desconfianza e inseguridad. Cuando un corazón ha sido herido en 2 ocasiones, se crea una barrera, un escudo. Yo entregué mi corazón llena de ilusión, con la promesa de un futuro exquisito en compañía de quien yo creí un ser maravilloso.

Fueron tiempos bastante duros. La felicidad que yo sentía al iniciar nuestra vida juntos se convirtió en algo ajeno, en algo que no lograba recordar con claridad. Cuando alguien te dice, "te amo" después de golpearte, cuando alguien te dice, "te quiero" después de haber abusado sexualmente de ti, uno empieza a sentir asco por el amor.

Hoy, doy gracias de estar con vida. Sé que si me hubiera quedado con él no podría contar esta historia. Sé que lo que yo sentía por él al principio de la relación era amor y también sé que al término de esta lo único que quedó fue miedo.

Habían pasado un par de años desde mi última relación cuando lo conocí. Él era exactamente lo que yo tenía planeado para mi vida: era inteligente, divertido, apuesto, simplemente encantador. Cuando nos conocimos fue atracción mutua y al poco tiempo comenzamos una relación. Al igual que yo, él tenía una historia y eso nos hizo entendernos mejor y llevar mejor las cosas.

Pasaron los meses y me enamoré perdidamente de él. Era mi todo, mi vida entera giraba entorno a él. Yo creía ciegamente en él y creía que el sentimiento era mutuo. Por eso, cuando salí embarazada, yo irradiaba felicidad y fui corriendo a contárselo, esperando una reacción igual que la mía. Quedé destrozada cuando él simplemente me contempló con la mirada más fría que había sentido en mi vida y me dijo: "No me interesa saber nada de ti, ni de ese supuesto hijo", se dio la vuelta y se fue. Se marchó, dejándome sola en la etapa más importante de mi vida.

Fue muy duro darme cuenta de que para él era solo sexo y que yo no había sido más que un objeto para que él tuviera placer. El miedo que una vez sentí por un hombre que me maltrató no se comparaba con el miedo que ahora sentía hacia el amor.

Lorena Jiménez, 20 años
Tijuana, Baja California, MÉXICO

El mensaje inoportuno

Andrea estudiaba en la misma universidad que yo. La invité a ir conmigo a la fiesta de cumpleaños de uno de mis mejores amigos y ella aceptó.

El día de la fiesta yo estaba más entusiasmado por Andrea que por la fiesta, y estaba completamente decidido a pedirle que fuera mi novia. Fui a su casa, cenamos y platicamos de todo. La plática continuó en el carro en camino a la fiesta. Al llegar, nos separamos; ella se fue a buscar a sus amigas y yo a los míos. Después de un buen rato de fiesta, decidí buscarla para contarle todo lo que sentía por ella. Fuimos a un lugar para platicar a solas. Todo era perfecto, la fiesta estaba muy buena al igual que la música. Comenzó la canción que previamente había pedido para ella, tomé aire y lo solté:

—¿Te gustaría ser mi novia?

Ella cruzó sus brazos sobre mi cuello, me miró a los ojos un momento, cerro los suyos y me contestó:

—No, no me quiero equivocar.

¡¿No me quiero equivocar?! Eso no me lo esperaba. No sé qué cara puse ante su respuesta, lo que sí sé es que fue suficiente para que ella me pidiera perdón, me diera un beso y me dijera que ya se iba a su casa. Su papá ya había llegado por ella y para mí la fiesta terminó en ese momento.

Afortunadamente Andrea no fue el lunes a la escuela ya que le cancelaron sus clases, así que podía estar un día más sin verla. Me propuse no marcarle ni buscarla. Recibí un mensaje de texto de Andrea preguntándome en dónde estaba, pero mi orgullo logró que no le contestara.

Ese mismo día, Lorena, una de las chicas más guapas de toda la universidad, me pidió que hiciéramos la tarea juntos y cuando menos lo esperaba, ya tenía una cita con ella al siguiente día.

Llegó la mañana siguiente. Yo seguía sin saber nada de Andrea, solo sabía que quería hablar conmigo. Lorena y yo pasamos toda la mañana juntos y el tiempo voló. En todo el día no recibí noticias de Andrea.

El siguiente día quedé con Lorena a desayunar. Antes de salir, recibí un mensaje de Andrea que decía: "Necesito hablar contigo". No supe qué decirle en ese momento, así que decidí hablar con ella en la escuela.

Lorena y yo terminamos pasando todo el día juntos y esa noche nos besamos por primera vez.

Al llegar a mi casa y revisar mi correo, vi que tenía un nuevo mensaje de Andrea, diciéndome que se sentía muy mal, que me extrañaba, que solo quería verme, así que le marqué.

Al hablar con Andrea yo solo pensaba en el beso perfecto que me acababa de dar Lorena. Andrea me decía lo mucho que me quería pero nunca mencionó que quisiera estar conmigo, así que no le di mucha importancia.

El jueves fue un día muy extraño. No vi a Lorena en todo el día y comenzaba a estresarme por no saber de ella, mientras los mensajes de Andrea seguían llegando.

Ya en la noche Lorena me mencionó por primera vez la existencia de su novio. En un principio me molesté, pero el enojo se quitó cuando me dijo que lo iba a terminar para estar conmigo. No supe qué decir ni pensar. En un principio me sentía mal por Andrea; no sabía qué pensaría de mí después de esto, pero me di cuenta de que Lorena hizo que dejara de pensar en ella. Fue la semana más intensa y divertida de mi vida y estaba muy contento.

El viernes por la mañana, salí de mi casa casi corriendo por llegar a ver a Lorena. En el momento que la encontré lo primero que le dije fue: "¿Te gustaría ser mi novia?", y ella contesto rápidamente que sí. Fue un momento muy feliz; la abracé y la besé tanto como pude.

Después de clases, decidimos disfrutar de nuestro primer día de novios. Fuimos a mi casa, escuchamos un poco de música y al ritmo de esta comenzamos a hacer el amor de la forma más delicada que pueda existir. Todo era mágico; mientras hacíamos el amor, me perdía en sus ojos verdes. No podía creerlo, me encontraba estúpidamente feliz.

De pronto, llegó un mensaje en mi celular. Estaba algo lejos de la cama y Lorena buscó mi celular. La cara de Lorena cambió sin previo aviso, se quitó la sonrisa, frunció sus cejas, me miró y dijo: "Qué poca madre. Me engañaste. Solo querías esto", y salió de mi casa muy molesta. Nunca había visto a nadie tan molesto, era impresionante. Tomé mi celular y leí el mensaje: "Sí quiero ser tu novia, Andrea".

Lorena y yo no hemos vuelto a cruzar palabras desde ese día. Sé que me odia, sé que estuvo mal y sé que pase lo que pase no me va a creer ya que ella misma leyó el mensaje. ¿Cómo negarlo? Era una respuesta a una pregunta que yo había hecho una semana antes y eso nunca entendió Lorena.

Después de algunos meses conocí a alguien más, pero nunca he dejado de pensar en la "Semana Lorena", como yo mismo la he llamado.

Juan Sizu Vázquez, 22 años
México, D.F., MÉXICO

Con la piel desnuda

Querido:

Recibí el regalo que me enviaste desde la capital del mundo hasta esta esquina de Suramérica, hecho que engalana la vanidad de una mujer. Trece preciosos trajes para lucir cuando estemos juntos. ¡Suntuoso regalo! Pero yo todo lo hubiera cambiado por recibir solo una carta tuya, donde me hubieras expresado cuánto me extrañas. Tampoco envías una tarjeta, después de tanto silencio, de no saber de ti. El regalo no me sorprende, me sorprende tu olvido.

Nuestro amor, cascada de pasión, solo será un sutil zumbido de burbujas irisadas por la rabia y el dolor que dejan en mi alma los harapientos ensueños que muerden los instantes de tu ausencia en el funeral de las promesas.

Hoy estreno olvido. Sí, estreno olvido. Es un traje ligero, color indiferencia, diseñado en fibras de la más fina sensualidad, de alta transparencia; a la vista, el alma. Lo llevaré siempre, no importa el clima, la hora ni menos la ocasión.

Cuando la lluvia golpee la piel de los recuerdos desteñidos por tantos imposibles y los poros dilatados en loco frenesí reclamen tus caricias, siempre en asecho, ajustaré mi traje, ahorcaré mi cintura que reclama tus manos, entonces aflorará una capa impermeable que me cubra de la tormenta de tus besos, empeñados en la compraventa del amor.

Luciré mi volátil traje cuando el sol columpie el día en su hamaca de locura jugando con el rostro del cielo, borrando mi destino, travieso juguete del viento, que en mi falda retiene la vida. Un largo traje luciré en la noche de gala, cuando un rebaño de suspiros invoque sueños compartidos, crisálidas agónicas que nunca fueron mariposas. Pronunciaré en silencio tu nombre y algunas luciérnagas ebrias de esperanza, al escucharlo, lanzarán una carcajada que confinará la noche al más despiadado olvido. Abrigada por la melancolía dormiré más allá de la memoria.

De seda plateada luciré en la noche, luna de alucinados ojos, tafetán de ilusiones que cubre de besos la piel desierta, mientras densos los pensamientos, envuelvan las almas vagabundas en otras ciudades con las mismas tumbas.

Con esta carta, en la urdimbre del destino, como Penélope, tejeré el mío, de cadeneta en cadeneta, palabra por palabra, te haré saber cuánto me cuesta olvidarte. También sé que no la leerás, tus ojos ciegos de soberbia no reconocen los códigos de mi delirio.

¡Desnuda! El traje hecho hilachas, destrozada la piel por la inclemencia de la soledad, abriré mis brazos, volará mi carta por el mundo entero hasta que halle abrigo en algún corazón tan solitario como el mío.

María del Socorro Jaramillo G., 60 años
Bogotá, COLOMBIA

De Cuba a Canadá...
y viceversa

La mayor locura que hice por amor fue embarcarme en un viaje a Canadá para encontrarme con el hombre que creí que sería el gran amor de mi vida. Ahí estaba él esperándome en el aeropuerto con un ramo de rosas rojas en la mano, aun después del retraso de más de una hora debido a que había perdido mi vuelo y, junto con él, mis maletas.

No tenía miedo, a pesar de que no lo conocía personalmente, ya que sus llamadas constantes por teléfono a diario y sus faxes me habían dado confianza en que todo saldría bien a pesar de no conocernos.

El llegar al aeropuerto y verlo ahí de pie me hizo sentir una especie de emoción indescriptible. No era el hombre que me había imaginado, no era apuesto ni delgado y además era calvo. Pero su paciencia y su amabilidad me fueron ganando.

Durante mi estancia en Canadá, Liam me llevó a diferentes lugares y preparó platillos especiales para mí. Sin embargo, él quería algo más; quería consumar el amor que durante dos años nos habíamos ido profesando los dos. Pero yo era una chica chapada a la antigua y no concebía este hecho así que tuvimos una seria discusión y dado mi carácter hice mis maletas y me regresé a mi casa en Cuba.

De regreso, y sentada en el avión, me prometí no

llorar y dar vuelta a la página. Pero vaya que sí sentía un dolor inconfesable por algo que no había podido ser. Liam continuó escribiéndome pero yo, enojada, lo herí diciéndole que no era él quien me había atraído, sino su amigo que siempre nos acompañaba.

Sherezada, 39 años
Monterrey, Nuevo León, MÉXICO

Esperó su primer beso durante mucho tiempo

De cierta manera, ella lo había esperado durante mucho tiempo y más en esa tarde. Si bien la tardanza de él les había arruinado el plan de ver una película, todo apuntaba a que esa sería la ocasión perfecta para decirle muchas cosas que él ignoraba.

Ahí estaba esperando a que él llegara, sentada frente a la cartelera, imaginando cómo estaría su cara cuando le dijera lo que él ignoraba. De repente apareció. Hasta hoy ella no ha podido olvidar las mariposas en la panza que sintió al verle entrar a la plaza. Todavía recuerda como le temblaron las piernas al sentirle cada vez más cerca.

Debido al fracaso del plan, decidieron caminar por uno de los jardines más populares de la ciudad. Todo iba perfecto. En realidad, ese día fue uno de los mejores de su vida. Compraron jícamas y se sentaron en una de las bancas del jardín. A veces pasa por aquel lugar para recordar aquel día, aunque sabe que este bello recuerdo no se borrará jamás de su memoria.

Ya instalados en la banca, platicaron de todo, poniéndose al corriente de lo que habían hecho y dejado de hacer durante el largo tiempo sin verse.

De repente, ella lo buscó y él la buscó. Ella sentía que algo iba a pasar. Sintió como él se acercaba cada vez más y más y más y más…

En un instante, ella perdió la conciencia. No pensaba en nada más, no escuchaba nada más, no sentía nada más, no olía nada más, no saboreaba nada más, no veía nada más. Sus 5 sentidos y sus pensamientos no respondían más que a esa explosión de vainilla.

Cuando acabó, ella se dio cuenta de que lo que esperaba de aquella tarde estaba hecho, que lo que había esperado por más de 5 años era una realidad. Se sintió apenada porque después de todo, era su primer beso. Tal vez no sería el único, pero era el primero, el más sincero que daría en toda su vida. Ella nunca lo olvidará.

Ari Barrera, 21 años
Aguascalientes, Aguascalientes, MÉXICO

Mi profesor fue siempre mi gran amor platónico

Todo empezó cuando inicié la preparatoria. Cuando lo vi por primera vez no me importó su físico. No sé, había algo en él que me llamó la atención. Cuando entró, me flechó su timidez y miedo a hablar frente a todos. Se presentó como mi maestro de computación. Era mucho mayor que yo pero no me importó, pues yo estaba segura de que él sería mi amor platónico y estaba segura de que nunca pasaría nada entre él y yo.

Así pasó el tiempo en sus clases. Siempre fui la más destacada y su alumna preferida. Aunque siempre pensé que me veía solo como una alumna, las cosas fueron cambiando. A veces lo veía en el centro de la ciudad donde vivíamos. En varias ocasiones me llevó a mi casa de noche, pues casualmente nos encontrábamos en el lugar donde tomaba el transporte.

Durante esos tres años que estuve en la preparatoria yo tuve solamente un novio al que quise mucho, pero Manuel siempre fue mi gran amor. Él se puso a dieta e hizo ejercicios y adelgazó.

Después quiso aparentar ser un hombre muy seco conmigo pero cuando estábamos solos siempre hacía contacto físico conmigo, pues me tomaba la mano y cosas por el estilo. Después me fui a estudiar fuera y en una ocasión coincidimos en una graduación de un primo mío. Nunca pensé que iría, pues no le gustaban las fiestas.

En la fiesta fue donde hicimos más contacto, se me declaró y me dijo que estaba esperando a que yo me graduara para decírmelo. Yo no lo creía… ¡Por fin mi sueño se hizo realidad! Estuvimos saliendo un tiempo pero creo que siempre tuvo complejo con la diferencia de edades. Lo nuestro duró poco pero estoy satisfecha de haber vivido ese primer amor. Hoy estamos cada quien casados, viviendo una vida totalmente diferente. Ojalá él sea feliz, pues yo nunca he podido serlo desde que lo conocí.

jarabatotriste, 29 años
Ramos Arizpe, Coahuila, MÉXICO

Tenía 11 años cuando un chico me robó la calma

Tenía 11 años cuando un chico me robó la calma. Ante mis ojos de niña romántica, él era un príncipe, el más bello de todos. Sus ojos verde-esmeraldas hicieron palpitar con fuerza mi corazón. Nunca antes había sentido ese galope en el pecho en presencia de un varón.

Cuando Guille reía, sus ojos se convertían en dos rayitas diminutas, y esto le otorgaba a su rostro una encantadora picardía. Ese rasgo marcó mis preferencias para siempre. A partir de entonces, siempre me ha atraído esa característica en los hombres.

Mientras más hombres conozco con ese rasgo característico, más me convenzo de que los hombres, que cuando se ríen, se les pierden los ojos, son pícaros y encantadores, pero también son perversos e infieles. Si bien es cierto que hubiera preferido tener a mi lado a un hombre fiel y leal, tengo que reconocer que esa mirada pícara y maliciosa es mi perdición.

Para que entiendan mejor a lo que me refiero, bastaría mencionar a Paul Newman, George Clooney, Richard Gere, Julio Iglesias y Andrés García. Todos ellos tienen un rasgo común: Cuando sonríen, sus ojos se convierten en una rayita oblicua, a través de la cual resplandece una chispa de picardía. De eso se trata, ese es el detalle que me seduce en el rostro de un hombre.

Para gustos se han hecho los colores. Algunas de mis amigas se sienten atraídas por unos dientes perfectos, un torso definido, un abdomen marcado, unos brazos musculosos o una estatura superior a los seis pies. Para mí, el requisito físico indispensable para rendirme, son un par de ojos chispeantes, como los de Guille. Así los tenían la mayoría de mis novios y así los tiene mi esposo.

Guille no solo me robó la calma, como ya les dije; al provocar el primer palpitar acelerado de mi corazón, también me robó el primer beso.

Una noche fui a visitar a nuestro amigo común, Robertico Macías, que vivía justamente en el apartamento contiguo al de Guille. Mi amigo llevaba una semana sin asistir a la escuela por encontrarse enfermo. Ambos estudiábamos juntos en séptimo grado. Guille era algo mayor y estaba cursando el noveno.

Durante todo el tiempo de mi visita, Guille estuvo presente y no dejaba de taladrarme con aquella mirada penetrante y seductora que me perturbaba.

Todavía recuerdo el mini vestidito color naranja que yo usaba aquel día. Él llevaba una camisa a cuadros y unos *jeans* azules ajustados que le daban un *look* súper atractivo. Solo le faltaban el sombrero, las botas y el caballo para ser un auténtico *cowboy*.

Guille se despidió y salió poco antes que yo. Yo supuse que se había ido a su apartamento, así que luego de despedirme, bajé las escaleras. Al llegar al último escalón, sentí un fuerte tirón en el brazo y de repente me vi en el espacio debajo de la escalera. En la oscuridad apenas pude ver una camisa a cuadros y sin poder reaccionar, ya me encontraba contra la pared, su cuerpo presionando el mío y sus labios cerrando mi boca, impidiendo que se escapara un grito de espanto.

Sentí su aliento jadeante y perfumado y su lengua enredándose con la mía, lo cual me resultó sorprendente, pues nunca había imaginado que los besos fueran así. Yo creía que todo consistía en pegar los labios y mover la cabeza de un lado al otro, en sentido opuesto a la pareja, como había visto en las novelas y como había ensayado cientos de veces, besando mi propia mano frente al espejo. Pero desconocía que la lengua jugara un papel tan importante en el beso.

Nunca he podido olvidar aquel sabor tan peculiar, con un ligero toque saladito, parecido al agua de mar. Al día siguiente caí en la cuenta de la gran mentira que encerraba un versito de autógrafo muy popular por aquella época, que decía:

"Si un rubio te pide un beso
no se lo vayas a dar
que los besos de los rubios
saben a huevo sin sal"

Porque el beso de aquel príncipe *cowboy* rubio no tenía nada de desabrido, por el contrario, me resultó tan sabroso que aún hoy lo recuerdo.

Guille, estés donde estés quiero darte las gracias por aquella inolvidable iniciación al beso.

Miriam De La Vega (Miruchi)
Hialeah, FL, EE. UU.

Una noche desnudos en Pamplona, sin hacer el amor

Era un día de verano asoleado por las altas temperaturas de la ciudad. Un accidente los llevó a conocerse y vivir un romance a escondidas. A medida que pasaban los días el amor penetraba con más fuerza cada vez. Disfrutaron de fiestas, bailes, cines, paseos, parques y de muchas cosas más.

Un día se les alborotó el amor y fueron a disfrutar una noche al desnudo a Pamplona donde las horas corrieron tanto que no les dio tiempo para hacer el amor. Solo el romance de la noche, besos, caricias y tantas cosas más que hoy día, después de casi 28 años de aquella maravillosa noche, la recuerdan con cuanta ansiedad como si hubiera sido ayer.

Los días fueron pasando. Se graduaron de bachiller, entraron a la universidad y ella seleccionó la capital para forjar un mejor futuro, mientras él siguió en la provincia hasta terminar en la universidad. La distancia los alejó tanto que ella se organizó con un nuevo amor, prefiriendo dejar lo hermoso del pasado para organizar su vida llena de muchas expectativas y deseos.

El tiempo pasó y el primer amor volvió a aparecer. Por cosas del destino se volvieron a encontrar y fueron tantos los sentimientos del amor dejado de hacer años atrás que se entregaron el uno al otro con tanto sentimiento que sus cuerpos no se querían despegar ya que el sexo se apoderó tanto de ellos que estaban justificando al tiempo aquella tarea que nunca pudieron terminar.

Ahora se han vuelto a distanciar pero ambos dudan que pueda existir otro tiempo igual al anterior, pues sus vidas, ya limitadas por los años, no podrán esperar tanto tiempo para un encuentro igual.

Solo se desean felicidad y, si es posible volverse a encontrar, pueda ser que en el más allá se desquiten de este nuevo alejamiento y el sexo en el más allá los conforte para toda la eternidad. Hasta entonces y mientras eso suceda se seguirán amando en silencio hasta que los dos se encuentren nuevamente en alguna parte del infinito.

Mariela de Ramírez, 57 años
Cúcuta, Norte de Santander, COLOMBIA

Juntos en la ducha, él con 11 y yo con 13 años

Un día que jugábamos al fútbol, entre todos los amigos de mi hermano y míos, decidimos que, cuando termináramos de jugar, íbamos a refrescarnos en la piscina de mi casa. Pero la pareja de mi mamá quiso que antes nos ducháramos todos, porque no quería que ensuciáramos el agua de la piscina. Como éramos muchos, algunos se ducharon en la misma ducha de la piscina pero otros fuimos al baño de mi casa. Seba tenía en ese momento 11 años y yo apenas 13. Nosotros decidimos ducharnos en el baño de mi casa.

Mientras esperábamos nuestro turno, hablábamos de cualquier cosa. Cuando ya se habían duchado todos, entramos juntos a la ducha. Seba me gustaba mucho, pero más allá de las miradas cómplices y sonrisas de uno hacia el otro. Nunca habíamos hablado ni comentado lo que sentíamos el uno por el otro. Pero ese día fue diferente.

Nos metimos juntos en la ducha y comenzamos a jugar. Hacíamos que luchábamos. En un momento dado me patiné y me caí al piso. En el intento desesperado por no caerme, me agarré del Seba que se cayó encima mío. La cara del Seba quedó muy cerca de la mía y, no sé por qué, se me ocurrió darle un suave e imperceptible beso en los labios. Yo tuve mucho miedo de su reacción, ¡pero Seba no dijo nada! Era la primera vez que yo besaba a un chico en la boca y no sabía cómo reaccionaría,

¡pero Seba no dijo nada de nada! ¡Fue un momento inolvidable para mí!

Después nos secamos con un toallón y nos fuimos para la piscina. Íbamos caminando en silencio, pero antes de salir de la casa, tomé al Seba por los hombros y volví a besarlo en los labios, esta vez con un beso profundo y apasionado que el Seba me devolvió. ¡En ese momento sentí que tocaba el cielo con las manos!

Esto hace ya casi 4 años. Cuatro años que compartimos además de nuestro amor, momentos felices y momentos tristes. Nos amamos como quizás nunca más amemos a nadie. Y aunque hoy ya no somos pareja, queda en nosotros perenne, el dulce recuerdo del primer amor.

Luckitas, 17 años
ARGENTINA

Murió esperando a su bebé

Soy una mujer que siempre ha luchado en la vida. Estudié en la universidad y hoy tengo una empresa mediana a la cual dedico la mayor parte del tiempo. Creo que la meta más importante en mi vida, antes que cualquier otra cosa, siempre ha sido la de formar una familia. En casa de mis padres no hubo una familia estable (quizás por eso mi interés en lograrla).

Me casé a los 20 años y después de un matrimonio de 10 años mi esposo decidió irse; se había enamorado de su mejor amiga. Cuando se fue, empecé a cuestionarme todos mis valores; vino a mi vida un periodo de confusión tan grande que perdí la autoestima y caí a un vacío cada vez más profundo.

Pasaron 4 años y un día vino a mi negocio una chica filipina que había conocido a su esposo por Internet. Ella me convenció de que debía inscribirme, que ahí encontraría el amor de mi vida. Así fue, Carlos y yo nos conocimos a través de este medio. Él vivía y trabajaba en Nueva York. Empezamos a tratarnos como amigos. Me llamaba todos los días; al año, él dejó todo, su empleo, sus amigos y decidió venir donde yo estaba.

Seis meses después nos casamos. Éramos muy felices, nos apoyábamos en todo y mi hija de 15 años llegó a estimarlo bastante. Él vino a nuestras vidas a enseñarnos a tener fe, esperanza y mucho amor, y mi hija empezó a unirse más a mí. Creo que aprendió a amarme más a través del amor de Carlos.

En el mes de octubre, supimos que íbamos a ser padres. Todos estábamos muy felices con la expectativa de nuestro nuevo bebé; pero dos días antes de Navidad, Carlos se enfermó y lo interné en el hospital. Su presión sanguínea era tan baja que jamás lograron estabilizarla. Él murió a las 11:55 del 24 de diciembre.

Todavía no le encuentro explicación a la vida; todavía no sé el motivo por el que Dios nos lo prestó tan poco (físicamente estuvimos juntos 1 año y 2 meses). Hoy mi niña y yo esperamos al bebé con inmensa esperanza; yo sé que en algún lugar él está velando por nosotras y sabrá que cuidaremos del bebé con todo el amor que él tenía para nosotras.

Gloria Leticia Téllez Moreno, 35 años
Ciudad Juárez, Chihuahua, MÉXICO

De lo oculto y lo prohibido

La mentira soy yo, he sido bisexual toda mi vida

La mentira soy yo. Es lo que siempre aparento y de hecho hasta llego a ser delante del resto del mundo, usando siempre máscaras y disfraces para que no se atrevan ni siquiera a levantar la cortina que separa lo que realmente soy de lo que ellos observan: un hijo ejemplar, estudioso, trabajador, honesto, amable, caritativo y toda esa cantidad de elogios que he recibido a lo largo de mi vida. Lo que ni siquiera sospechan es lo que realmente hay adentro, lo que sale cuando me quedo solo, cuando voy por la calle, cuando no los tengo cerca... ¡cuando realmente soy yo!

Soy bisexual desde que tengo conciencia y esta sí es la verdad. En los trances más difíciles de mi existencia he estado solo, no porque ellos no estén cerca, sino porque estoy seguro de que no me comprenderían.

Hoy en día, con 26 años, solo siento vacío y tristeza... cansancio. Estoy cansado de la perfección de las apariencias, de los disfraces, de las máscaras, del circo y del jolgorio. Quisiera que de una buena vez se cambiara todo, que amaneciera un día sin la necesidad de estar confrontando las verdades y las mentiras y haciendo malabares en el circo de mi vida, quisiera levantar mi rostro al sol y que todo el mundo supiera lo que realmente pienso, lo que realmente siento, lo que realmente vivo.

Ya me he cansado de mentir, es más, no sé durante cuánto tiempo pueda seguir esta soga soportando el peso de tantas mentiras y falsedades que he acumulado a lo largo de mi existencia. ¿No sería más fácil si tan solo lo supieran y todo siguiera siendo normal? Pero sé que si lo digo, si acabo con las mentiras, de igual forma se acabará mi vida, porque eso es lo que ha sido mi vida desde siempre: una mentira.

Angelbixx, 26 años
Barcelona, Anzoátegui, VENEZUELA

Mi esposo no sabe de mi aventura

Guardar un secreto es como dormir con un asesino. A medianoche me despierto con miedo mirando a todos lados pensando que en cualquier momento mi esposo se va a enterar de mi doble vida.

Pero me doy valor diciéndome que yo tenía que sacar a mis hijos adelante. Me gusta vivir bien y mi esposo está lleno de deudas. Sé que él no puede con todo y lo que yo trabajo es para pagar los libros de mis hijos.

Mi esposo piensa que el dueño de nuestra casa es el hermano de mi ex marido cuando en realidad es mi amante. He guardado este secreto desde hace diez años y me está quemando por dentro. Mi amante es el que siempre me ayuda con mis gastos y en todo lo que yo le pido. Nos vemos dos veces a la semana y tenemos relaciones, incluso una vez salí embarazada de él.

Le dije a mi esposo que estaba embarazada pero que yo ya no quería niños porque mi trabajo no me lo permitía. Así que nos pusimos de acuerdo para que tuviera un aborto.

Mi esposo es una persona maravillosa y me duele hacer esto, pero vivo bien económicamente con la ayuda de mi amante. Cada noche que me voy a dormir muchas veces no puedo conciliar el sueño. Me siento sucia por lo que he hecho por mucho tiempo, especialmente cuando hago el amor con mi esposo. Sé que él no se lo merece y me digo que ya no lo voy a hacer pero lo sigo haciendo.

No quiero perder a ninguno de los dos: a mi esposo porque lo amo y al otro porque me tiene viviendo bien. El otro también es casado. Es algo que me quema por dentro... Algo que me sigue a todas partes... Es como esconderse de alguien que te quiere matar, así me siento.

Bianca Gonzáles, 39 años
Houston, TX, EE. UU.

Me corté las venas

Yo me casé a la edad de 18 años. Mi esposo me llevaba 12 años de diferencia. Él era un profesional que trabajaba en una compañía minera, por lo tanto vivíamos en un centro minero. Allí nacieron mis dos hijos, pero para los chequeos de los bebés yo tenía que trasladarme hasta la capital.

En ese trajín de ir y venir, mi esposo se quedaba solo. Por ese tiempo él se enamoró de una chica de 15 años. Cuando me enteré, me puse muy mal, perdí todo control. Me corté las venas y me tomé como 25 pastillas de Xanax. Intenté autoeliminarme. No quería vivir sin él y compartirlo con otra mujer, mucho menos.

Estuve hospitalizada por un mes en cuidados intensivos. Lo que recuerdo como en sueños es que cuando él venía a verme, el doctor que llevaba mi caso le decía: "Pero ingeniero, dígale que la quiere aunque sea una mentira piadosa…".

Han pasado más de 45 años y todavía me acuerdo de aquellas palabras que nunca se borrarán de mi mente. Me dijo que no me quería; que nunca me había querido y que solo se había casado porque yo esperaba un bebé suyo. Fue muy doloroso.

Salí de ese trance y me fui a vivir a la capital con mis hijos. Sentía y veía que el mundo era oscuro. Para mí nada tenía significado. Sin él mi vida no tenía sentido, ni siquiera mis hijos, tanta era la obsesión que sentía por él.

Ese estado me duró como 15 años hasta que conocí a mi segundo compromiso, pero antes tuve que recurrir a un psicoanalista que utilizó terapia de hipnosis para sedarme. Luego me puse a estudiar una y otra cosa. Así pasaba el tiempo. Yo siempre con la esperanza de que él algún día regresaría conmigo, pero no fue así.

Después de aquella mujer con la que me engañó hubo muchas, muchas más, hasta que se volvió a casar con una enfermera. Pero con ella pagó todo lo que me hizo; yo lo vi llorar por aquella mujer. Ella lo dejó y se fue a España, ahí se casó con otro hombre, y nunca más supo de ella.

Majur27, 55 años
Lima, PERÚ

No podía aceptar que mi hija perdiera la virginidad

Mi depresión comenzó cuando mi hija me dijo que había tenido relaciones con un muchacho. No podía aceptar que mi hija de solo 15 años hubiera perdido la virginidad. No tenía palabras para expresar mi coraje y mi dolor. No tuve palabras para poder decirle lo que se merecía. En esos momentos todo se me borró de mi mente y me encerré en un cuarto sin luz a llorar y llorar. No sé cuánto tiempo estuve encerrada en ese cuarto.

Llené la tina de agua y me metí en ella. No recuerdo cuánto tiempo estuve ahí pero sé que mi esposo estaba en la computadora, y no fue bueno para tocarme la puerta para saber si todo estaba bien conmigo y si no había hecho alguna tontería. Solo recuerdo que, mirándome al espejo, dije:

"Dios, dime qué puedo hacer. Me siento perdida en un mundo de tinieblas. Ayúdame, dame una señal, así como me la diste cuando mi padre abusaba de mí. Creo en Ti y ahora necesito que me ayudes de nuevo. Si estoy viva es porque Tú así lo quisiste y respiro porque Tú así lo decidiste. Estoy pasando por algo que no pensé que pronto pasaría. La niña de mis ojos me traicionó y eso no lo aprendió de mí. ¿En qué fallé como madre? Dame la respuesta que yo necesito. En estos momentos quiero desaparecer del mundo. Eso sería lo más fácil para dejar de sentir el dolor, pero sería una cobarde si yo hiciera eso porque no es lo que yo aprendí de Ti. Sé que la vida solo Tú me la puedes quitar. Hay personas que están pasando por cosas que no tienen remedio. Dios, ayúdame."

Al fin de tanto mirarme al espejo, solo sentí que algo pasó alrededor de mi cara… Un aire que no podría explicar y unas palabras dulces que me hicieron racionar:

"Hija mía. Yo morí por ti y tus pecados. Perdoné a los que me hicieron daño. ¿Por qué no te sientas con tu hija y conversan de lo que pasó? Tu hija sabe que cometió el error y ahora necesita que su madre la ayude, no que la critique."

En esos momentos reaccioné. Salí del baño y le dije a mi hija: —¿Podemos hablar?

Ella me dijo: —Sí, Mami. Perdóname. No sé cómo pasó. Eso no es lo que tú me enseñaste.

Elizabeth, 40 años
Houston, TX, EE. UU.

No me arrepiento de haber sido infiel

Las mujeres temen mostrar el otro lado de una personalidad reprimida por una educación basada en la falsa moralidad, en la cual la mujer no debe manifestar sus emociones, sentimientos y deseos sexuales por temor o culpa de que los hombres piensen de ella todo lo negativo. Es decir, que opinen que ella es fácil, que ella está solo para el sexo, que ella es solo ardiente y una lista larga de preconceptos absurdos.

A mis 33 años me doy cuenta de que la vida da muchas vueltas. Uno no puede ser perfecto ni pretender que la otra persona lo sea. Todo ese temor se me fue disipando con el correr de los tiempos, ganando la suficiente autoestima y seguridad en mí misma.

No me arrepiento de haber sido infiel. Esto me sirvió para alejar de mis pensamientos esa idea negativa y el preconcepto erróneo de algunas cosas. Con esto no quiero decir que lo que hice esté bien. Justamente estoy en un periodo de culpas y mentiras, y no quiero lastimar a la persona que está a mi lado. Siempre viví al pendiente de todos mis seres queridos, dejándome de lado a mí misma, sintiéndome incómoda física y moralmente por perder esos valores que me han enseñado.

Pero ahora que me tocó estar del lado de las personas que "obramos mal", por así decirlo, me doy cuenta de que las mismas personas que me enseñaron a ser una persona educada en la falsa moral, también han quebrantado sus propias enseñanzas.

Mi padre vivió y sigue viviendo engañando a mi madre con mujeres con las cuales él ha compartido mucho tiempo de su vida. He visto a mi madre luchar por él, sabiendo que ella es una mujer engañada por el marido. Mi mamá siempre supo de la doble vida de mi padre, hasta el punto de charlar por teléfono con la amante, ya que todos los días llamaba a casa preguntando por él porque era su jefa.

Resumidamente, el secreto que me pesa es la infidelidad, a pesar de que mi marido sabe que no lo amo más.

Ging Gang, 33 años
Buenos Aires, ARGENTINA

Fui abusada sin piedad a los 6 años

¿Quién no guarda secretos en un país en donde se practica la paidofilia? Yo soy una de las tantas voces inocentes que se apagaron en el silencio de la crueldad. Mis ojos se inundan de llanto al recordar aquel triste episodio que marcó mi vida para siempre. ¿Cómo es posible que tanto dolor pueda ser causado a una inocente niña de tan solo 6 años? Mis ojos lloran en tanto que mi corazón sangra; terrible herida causaron en mi infancia y desde entonces no puedo olvidarlo.

Fue uno de esos tantos días que me hallaba distraída, como lo acostumbra cualquier niño a mi edad, cuando de repente llegó Carlos, mi pequeño hermano, diciéndome que Beto, el vecino de al lado, me necesitaba.

—¿Para qué me necesita? —pregunté.

—No lo sé, solo dijo que te necesitaba.

Me dirigí a donde vivía Beto. Recuerdo que estaba tendido sobre su cama, sosteniendo una botella de miel con su mano. Luego prosiguió, diciéndome:

—¡Hola! ¿Qué tal? ¡Ven, acércate! ¿Deseas un poco de miel? —a lo cual asentí con mi cabeza. Le tendí la palma de mi mano en la cual depositó miel, miel que a mi paladar fue dulce, para luego convertirse en la peor amargura de mi alma. Su mirada penetrante, marcada por la maldad, se fijó en mí de pies a cabeza.

—He sabido que te gustan los niditos de pájaro. ¿No es así? Yo sé exactamente el sitio donde hay uno. ¿Desearías ir conmigo para que lo bajemos?

Mi corazón rebozó de alegría por lo que respondí afirmativamente.

—¿Observas aquel árbol donde se posan aquellas aves? Anda, adelántate y espérame. Yo iré detrás de ti.

Con la inocencia pura que caracteriza a una niña me dispuse a marcharme sin apenas imaginarme lo que me esperaba.

Llegamos a un lugar acompañado solamente por el canto de las aves y la verde hierba que cubría mi rostro. Él se adentró, abriendo paso con sus manos por el impenetrable infierno verde. Llegamos a un lugar despejado cerca a un árbol, donde abusó de mí sin piedad. Nunca se lo dije a mi madre hasta que cumplí la mayoría de edad.

**Marisol Vargas, 33 años
Bogotá, COLOMBIA**

Matamos al hombre que nos quiso violar

Una noche mis amigas y yo celebrábamos lo que ni nosotras sabíamos con el amante de Francis, una de mis amigas. Él era obrero y estábamos en el edificio en construcción en donde él trabajaba.

Luego de varias copas, otra amiga, Laura, comenzó a coquetearle al obrero que la encontró bella. A Francis no le importó; nos dejó claro que no lo quería. Yo veía que en la situación había tensión así que decidí alejarme del obrero. Él nos dijo que en los sótanos habían lugares secretos en los cuales los obreros guardaban objetos de valor robados y querían deshacerse de ellos. Yo no supe qué decir; Laura y Francis se negaron pero Glenda nos hizo cambiar de opinión y bajamos.

Cuando llegamos al hueco en los sótanos donde estaban los objetos en sacos, el obrero trató de violar a Glenda. Mis amigas la defendieron con unos materiales de construcción. Yo no sabía qué hacer. Cuando Glenda se paró, también contribuyó. Vi que el obrero le pegaba a Francis y decidí unirme y le pegamos hasta dejarlo muerto.

Recuerdo a Laura sollozar: "¡Lo matamos!" y Glenda gritaba que había visto a un niño de pelo negro. Nadie dio crédito a sus palabras. Solo reinaba el remordimiento en nuestras conciencias, así que decidimos enterrarlo en el hueco y limpiar toda evidencia. Nadie tocó los objetos.

Yo sugerí que nos entregáramos y alegáramos legítima defensa, pero Francis tenía una familia a la que engañaba con el difunto obrero, Laura no mancharía el apellido de su familia, Glenda tenía una carrera limpia y yo no dañaría mis estudios. Callamos durante años; nada se supo. Todas decidimos separarnos y decir adiós. Hace poco encontraron el cadáver sin hacer averiguación alguna...

Por cosas del destino, hoy estamos juntas de nuevo. Sentimos el peso de nuestro crimen en secreto y nos arrepentimos y pedimos perdón a Dios a diario. Pero algo nos llena aún de miedo. El hijo de Francis de 15 años, lindo pero perverso, la odia. Dice saberlo todo y amenaza con delatarnos. Por desear lo que no era nuestro somos ahora asesinas. Marca imperdonable.

Daniela, 30 años
Caracas, VENEZUELA

Fui violado por mi tío y tuve miedo a decirlo

Desde muy pequeño mi vida fue un desastre. Mi padre le pegaba a mi madre porque según él yo no era su hijo. Mi madre me cuenta que, desde que yo nací, mi papá me quiso ver muerto porque pensaba que yo no era su hijo y que mi madre se revolcaba con otros.

En realidad no era verdad. Mi madre lo ha respetado todo su vida. Uno de mis hermanos me decía que yo no era de la familia y que era un niño recogido. La verdad es que yo me sentía mal. Me iba a mi cuarto y me encerraba a llorar.

En esos días de mi vida me sentía el ser más despreciado que había en esta tierra. Sentía que era un estorbo… y luego llegó el momento más triste de mi vida.

Llegó un hermano de mi papá a quedarse con nosotros. Mis padres tuvieron que salir así que me dejaron en casa con mi tío y nos quedamos los dos solos. Yo tenía ocho años de edad. Mi tío se pasó a mi cuarto, se acercó, me besó… y me violó.

En esa noche me dio fiebre y vomitaba sangre. Yo estaba como loco traumado y llorando. Él se acercó y me dijo que no dijera nada así que no le conté nada a mi mamá. Ella me dio medicamentos para controlar la fiebre pero no sabía que era por la violación.

Vomité sangre por una semana pero yo lo dejé todo así por el miedo a las amenazas de mi tío. Cada vez que lo veía corría a encerrarme en mi cuarto y mi mamá se molestaba. Yo sentía miedo de él y sabía que si decía algo nadie me iba a creer.

He vivido 16 años con este secreto. Hoy doy gracias porque, por este medio, puedo decir lo que me sucedió y sacar a la luz esta triste verdad que me quemaba el alma.

Rolando Berrumore, 24 años
Piura, Piura, PERÚ

Tenía bulimia, me sentía fea, gorda y acomplejada

"¡Pareces un cuadrado!" Aún escucho los gritos de mi padre gritándome en la calle haciendo alusión a mi peso y recriminándome por comprar dulces. En ese entonces tenía 14 años y, aunque siempre fui una chica de contextura delgada, en ese momento me sentía fea, gorda y acomplejada. Nada más lejano de la adolescente que hasta hacía solo un año era una chica deportista, alegre y querida por todos. Solo unos meses bastaron para que mi vida, mi mundo, mi cuerpo y todo, cambiaran para siempre.

No culpo a mi padre por sus insultos. Quizás él solo quería hacerme bien o al menos eso es lo que prefiero creer. La vida no fue buena con él, fue muy dura. En ese entonces mis padres perdieron sus empleos. No teníamos dinero para pagar la renta, la luz, el agua, etcétera. La vida en casa era un infierno y lo único que me daba paz era la comida, el encerrarme para poder comer todos los dulces y pasteles baratos que pudiera.

En los años siguientes no pude soportar más el aumento de peso, así que entré en el mundo de los laxantes y los vómitos. A los 16 ya tenía bulimia. Entre los 16 y los 20 mi peso fue como una montaña rusa, subía y bajaba. Me hice dependiente de los laxantes y durante esos cuatro años no pude defecar un solo día si no tomaba laxantes.

Mi dentadura se comenzó a caer y mi carácter, moral y escrúpulos se salían de mí con cada vómito. La vida no tenía más sentido que ser flaca y admirada por los demás. ¡Así es! A la gente no le importa qué hay en ti, qué tienes que ofrecer. Ellos solo miran la envoltura y si en este mundo la perfecta envoltura viene en una talla pequeña pues ¡eso tendré que ser! Ese era mi pensamiento.

Aún pienso así. Pero ya no he tomado laxantes en seis años y me casé con un hombre que no hace más que amarme por lo que soy y eso me ayuda mucho.

Pero ¡ojo! No soy libre todavía, porque aún no me gusto. Hoy tengo una envoltura bonita para los demás pero para mí sigue sin ser suficiente, porque para ella, la bulimia, nunca es suficiente. Hoy tengo 29 años y aún tengo la esperanza de vivir un día sin ella.

María Laura, 29 años
Grays, Essex, INGLATERRA

Hombre y mujer, mi instinto bisexual

Abrió la puerta del mundo bisexual para mí en una sesión de reuniones para bisexuales. Desde que lo vi me enamore de él. Debo decir que es un ser andrógeno, no encaja en los estándares de hombre o mujer. Abrió en mí todo el deseo oculto de incesto, pues es como un niño frágil y lo peor es que para mis adentros imaginé que podía ser mi hijo.

También despertó en mí el instinto lésbico, pues su delgadez, sus finas facciones, su cabello rizado hasta los hombros y sus rizadas pestañas me cautivaron, lo mismo que esa mezcla varonil y *sexy*. Para mi sorpresa supe que andaba en el "poliamor" y estaba con una mujer y un hombre.

Mi secreto era que moría de ganas por estar con tres personas. Lo hice sobre todo para estar con él. En un bar arrabalero me besé con ella. Según yo, no iba a sentir nada pero me equivoqué. Ese beso con una mujer ha rebasado cualquier otro con un hombre, tan suave, y salvaje a la vez. En ese instante deseé que me tocara, irme a la cama con ella, y cuando los tres nos juntamos, aquello se volvió una jauría en donde nos destrozamos sexualmente.

Aquella noche destrocé mi iglesia interna y a Dios como hasta en ese momento lo concebía. Se acabaron el recato y la decencia, pero llegaron el desborde y la libertad y se acabó mi hambre de pecado. En lugar de irme al infierno, subí... ascendí al nirvana de mano del andrógeno al que amo todavía. Sé lo que es el placer máximo y será que esté con quien esté, nadie podrá lograr igualar lo que se siente estar con un ángel que hizo del pecado el alimento que todavía añoro.

Pero él se alejó... Sigue con ellos y en mí no pasa ni un segundo sin que no pidan, mi piel y mi sexo, volver a repetir esas sensaciones, esa pasión animal de lobos, de perros. Ese niño, el hombre-mujer cuando me hizo el amor se tragó los prejuicios, los miedos, la cultura de "solo con tu pareja".

Sé donde trabaja y cuando envíe esta historia saldré, tal vez me lo encuentre y entonces...

Bárbara Chávez, 21 años
México, D.F., MÉXICO

Ese día tuve que acostarme con 33 clientes

Me llevaron a los EE. UU. bajo falsos pretextos. Llegué con mi familia el 22 de diciembre de 1985, y el día 23 me recogieron supuestamente para ir a hacer limpiezas.

Cuando llegué al sitio, vi muchas mujeres en paños menores. Me sorprendí, pero hice de cuenta que no era nada malo. Toda esa mañana la pasé limpiando ventanas y recogiendo los desperdicios de las mujeres de ese lugar. Como a las tres de la tarde llegó un hombre y me dijo:

"No creas que tú viniste a limpiarles a estas mujeres. Tú vienes acá para pagar la hipoteca de la casa de tu mamá".

Ese día tuve que acostarme con 33 clientes a siete dólares cada uno. Por casualidad me encontré con un muchacho que había sido mi noviecito en la adolescencia. A Dios le doy gracias por haberlo encontrado, pues me sacó de allí y pagó la hipoteca en menos del tiempo que habían dado para cancelarla, sin que pudieran actuar en contra de mis familiares.

Hoy cuento mi secreto para que aquellas adolescentes pobres de todo el mundo, necesitadas económicamente, estén alertas y no se dejen engañar por las falsas promesas de esos terribles explotadores sexuales, que tanto abundan por doquier.

Lockamps347, 46 años
Queens, NY, EE. UU.

Mi mamá no aceptó que yo fuera homosexual

Todo comenzó un día que contacté a un chavo en una página de Internet. Era mi primer acercamiento cara a cara con mi verdadero yo, ya que llevaba mucho tiempo ocultando mis preferencias sexuales. Mis palabras sonaban titubeantes al pedir permiso a mis papás, ya que mentí diciendo que iba con una amiga. Los nervios me invadían, pues era algo totalmente desconocido para mí. La incertidumbre de entablar una conversación con un desconocido me daba pánico.

Después de unos minutos, llegó él en su carro. Sonó el claxon y salí a ver quién era. Hizo unas señas, me despedí de mis papás y me subí al automóvil. Durante el trayecto difícilmente cruzábamos palabras.

Llegando al restaurante nos sentamos, pedimos cada quien su platillo y una vez solos en la mesa nuestras miradas se quedaron fijas, una con otra, pero de nuestras bocas no salía palabra alguna. Yo me puse más nervioso.

Después de tanto silencio sonó el celular. Era mi mamá preguntándome a qué hora pensaba regresar. Yo le dije que en 30 minutos, cosa que no fue así.

Después de la pequeña intervención, él preguntó quién era y así empezamos a conversar, hasta que se dieron las 8 de la noche. Mi mamá volvió a llamar para regañarme, cosa que él notó y me llevó con premura a mi casa.

Al llegar, mi mamá estaba sentada y al hablarme salió de su boca la palabra "homosexual". Ella había descubierto unos mensajes de mi celular donde nos poníamos de acuerdo para vernos esa noche. Mi mamá dijo: "No puedo más", y una lágrima recorrió su rostro. Al verla, un nudo en la garganta me impidió decir algo. Solo me fui a mi cuarto y no salí hasta el día siguiente, dispuesto a enfrentar el obstáculo que me aterrorizaba.

La respuesta de mi padre fue muy buena pero mi mamá se comportó de una manera muy despreciativa hacia mí. En ese momento mi mundo se derrumbó y deseaba no haber nacido. Me salí a caminar por las calles a pensar en lo que pasaría con mi vida…

lobitotímido, 18 años
Uruapan, Michoacán, MÉXICO

Somos bisexuales, pero nos aterra salir del clóset

Mi nombre es Andrés. Hace algunos años he ingresado a lugares de *chat* gay para conocer chicos con los cuales pueda hablar. Mi orientación sexual no es homosexual, pues me gustan los dos géneros sexuales tanto mujeres como hombres. Debido a esto me considero bisexual.

Un día conocí a un chico mayor por *chat*. Hablábamos casi todos los días muy chévere, hasta que acordamos encontrarnos.

Llegué a su casa, y su madre nos había preparado almuerzo. Almorzamos y entramos al cuarto del chico a ver películas. Al rato comenzamos a besarnos pero no pasó nada más. Así ocurrió dos veces, pero no tuvimos nada de sexo. Luego nos alejamos, pues era muy mayor para mí.

Hace un mes, también por el *chat*, pero no un *chat* gay, conocí a un chico del grado 11 de mi ex colegio, del cual nos graduamos. Hablábamos por el *chat* normalmente y pensábamos el uno del otro que éramos heterosexuales.

Un día decidimos colocarnos igualmente una cita. Al encontrarnos hablamos de toda nuestra vida hasta llegar al punto de la sexualidad. Nos contamos que los dos éramos bisexuales. Obviamente cada uno estaba sorprendido del otro; luego nos despedimos normalmente de la mano.

Otro día nos volvimos a ver, fuimos a su casa, hablamos

y luego nos besamos. Ahora somos muy buenos amigos y posiblemente tengamos una relación amorosa. Hace algunos días decidimos decírselo a un profesor para desahogarnos un poco. Él lo tomó normalmente, pues nos confesó que él también es bisexual.

Claramente los dos no nos atrevemos a "salir del clóset" como se dice ahora. Nos preguntamos, ¿Cómo lo tomará nuestra familia? ¿Cómo lo tomará la sociedad? ¿Nos entenderán, o pensarán lo peor de nosotros? Hay personas de mente muy cerrada. Ahora los dos salimos como dos amigos normalmente a la calle y solo en nuestra intimidad tomamos el lugar de pareja para besos y demás. Nos sentimos cómodos con nuestra orientación sexual, pues los dos hemos tenido igualmente como pareja a mujeres y es algo normal.

Andrés Alarcón
Bogotá, COLOMBIA

Llevé una doble vida, hasta que salí del clóset

Soy la primera hija, la primera nieta, por lo tanto la primera sobrina. Mi niñez estuvo llena de felicidad; toda mi familia estaba a mi alrededor. Tenía apenas trece años cuando todo cambió.

Por accidente conocí a una muchacha llamada Lisa. Al tropezar con ella y pedirme una disculpa, no podía dejar de mirarla. No podía explicar qué me sucedía, pero desde ese momento mi vida cambió.

Siempre la buscaba en los corredores de la escuela, y al verla me producía cierta inquietud increíble. Me gustaba... pero pensaba que no era posible que una mujer me moviera de esa forma el mundo.

Ella se burló de mí y fue mi primer amor lésbico. Nunca dejé de tener novios y llevar una doble vida. No podía decepcionar a mis padres con la revelación de que yo no era "normal".

Tuve varias parejas pero nunca viví con ellas. Empecé a beber a partir de mi primera desilusión. Pagué un psicólogo para que me tratara ya que por muchos años yo no podía vivir en paz. Ahí empezó mi aceptación, claro, gota a gota. No fue hasta los 28 que decidí salir del clóset, encontrándome de nuevo con mi pasado, Lisa.

En esa ocasión me invitó a un mundo que yo no conocía, mi primera reunión lésbica. No saben lo sorprendida que yo estaba. Eran muchas que sentían igual que yo, y eran libres y felices. Bailaban, cantaban, tenían parejas y hasta me enteré de la existencia de bares gay… ¡Guao, qué maravilla! Era un mundo diferente en donde se podía ser feliz.

En esas reuniones alguien me dijo que cuando yo pudiera decir "soy lesbiana" sería libre. Yo pensaba que era imposible en mí, ya que ser así me trajo muchas enfermedades como estrés, colitis aguda y depresión.

En esa época conocía a una mujer muy bella, Silvana. Gracias a ella me independicé de mis padres y viví con ella cuatro años. Pero todo terminó y yo estuve a punto del suicidio. Estuve vagando por la vida por siete años, pero ahora soy feliz. Tengo una hija de nueve años y una pareja maravillosa, a la que adoro.

Vicky, 44 años
Guadalajara, Jalisco, MÉXICO

Nunca me molestó
que me llamaran maricón

La homosexualidad nunca fue del todo un problema para mí. Desde niño tuve noviecitos en el autobús de la escuela, y apenas tenía diez años cuando los amigos de mi hermano mayor me llamaban maricón. Por alguna razón extraña no me molestaba.

Vengo de una familia muy violenta. Mis primeras memorias son de mi padre cargando a mi hermano menor y mi madre queriéndolo golpear con un bate. Fuimos tres hermanos. El mayor y yo sufrimos de golpes por parte de mis padres durante los primeros años de nuestras vidas hasta que nos rebelamos y lo dejaron de hacer, en mi caso por unos años.

Mi padre ha sido alcohólico toda su vida, y al día de hoy vive en Villahermosa, Tabasco y lo veo apenas dos veces al año, lo que ha resultado mejor, porque es un hombre lleno de soberbia y a él nunca le importó mi preferencia sexual.

Mis padres están divorciados y mi mamá vive en Valencia, Venezuela con su novio. Recuerdo a mi madre trayéndome brujas para que se me saliera el espíritu de mujer que ella decía que yo tenía. Me decía que ella había engendrado a un hombre y no a una mujer, que yo tenía pene y no vagina, que yo era un puto y un maricón.

Hace algunos años mi madre me corrió de la casa y estuve dos años fuera viviendo en un cuarto en La Condesa, en la Ciudad de México. Durante seis meses no supieron de mí.

Mi familia siempre tuvo dinero, aunque durante el divorcio a mí me dejaron de pagar mi universidad y mi madre me quitó el apoyo económico a los 24 años. Después de haber estado en las mejores escuelas y comer en los mejores lugares y andar con chofer, aprendí a tomar el metro y a comer tacos de chicharrón prensado en la calle y vivir con 20 pesos diarios.

También he bebido mucho, llegué a prostituirme, pero a los tres años me convertí en cristiano. Me alejé de la iglesia pero decidí regresar apenas hace dos años y me hizo bien.

Alejandro Abner, 32 años
Naucalpan, Estado de México, MÉXICO

Si no fuera sacerdote, te mataría

Visitaba a mi madre. Un primo hermano me llevó a confesar a un moribundo. Me dijo: "Es uno de los asesinos de tu padre".

Mi cabeza se calentó. Deseaba abrir la portezuela de la camioneta y arrojarme fuera. Maldije el momento en que entré al seminario. Frente al moribundo me dije: "Si no fuera sacerdote, te mataría".

Qué eterno y pesado se me hacía este momento. Ordenado sacerdote para perdonar. Palabras bellas, pero realidad difícil. Estaba aturdido mirando aquella piltrafa humana. La bestia interior se revelaba. Deseaba salirme de ahí. Me contemplé las manos, habían sido ungidas para bendecir y perdonar. No se trataba de levantar las manos, trazar una cruz y pronunciar las palabras rituales: "Yo te perdono…". Jesús no me pedía ese perdón cultural, pedía mi perdón.

Sudaba a chorros. Como potros salvajes corrían por mi mente un tropel de recuerdos. Mi padre tirado en el polvo, con su cerebro esparcido por el suelo. Veía los matorrales en donde se habían escondido los asesinos. Mi madre, mi hermanita pequeña asustada, mis hermanos y toda la familia llorando, el panteón lleno de gente y el horrendo hoyo.

Regresé de los recuerdos. Miré fijamente al moribundo. Escuché sus quejidos y vi sus ojos llenos de lágrimas. "¡Cobarde!", pensé.

La bestia interior se erguía y gritaba: "Retírate, mató a tu padre y lo dejó tirado. ¡Vete!".

La silueta de un hombre me decía: "No lo hagas".

En la cabecera de su cama pendía un crucifijo, sin quererlo me quedé mirándolo. Volví al moribundo y le dije:

—Te perdono. En nombre de mi Padre, te perdono. —Le di un beso en la frente. ¿Por qué lo hice? No lo sé.

El moribundo lloraba, besó mi mano y me dijo:

—¡Gracias!

Me retiré. Jesús había vencido una vez más. Había vencido a dos, al asesino y al sacerdote. Entendí que el perdón es una forma dolorosa del amor. Después que me retiré, murió. Murió en paz, pero yo quedaba en guerra. No es fácil perdonar al que te ha robado a un ser querido. Comprendo a aquellos que dicen: "Jamás le perdonaré". Perdonar es romper una cadena que puede tenerte prisionero toda la vida. Es sanar, volver a ser libre y sonreír.

**Ernesto Sánchez, 68 años
Salt Lake City, UT, EE. UU.**

Mi vida fue una mentira en versión tridimensional

Nací en 1957, el mismo día que se celebra la Revolución Francesa. Me crié como cualquier niño, pues en aquella época no existían computadoras, videojuegos e Internet. Usar la imaginación era tarea corriente, y doy gracias porque así haya sido. Mi primera novia fue mi primera esposa. Me casé y me divorcié con el libro de los récords: a los 20 y a los 22, hecho histórico para la Provincia de Santa Fe, República Argentina en donde vivo.

Luego comenzó mi carrera decadente: fiestas, jaranas, borracheras, malas compañías, drogas, orgías, robos, sadomasoquismo, detenciones, etcétera. No podía acomodar mi vida porque se había desacomodado virtualmente bajo el efecto de la tontedad y las acciones apresuradas.

A los 30 me enrolé en las filas del voluntarismo. Esa experiencia duró doce años, donde comprendí la lucha y la conciencia por la ayuda al prójimo, por la vida. En ese lapso conocí lo que es el miedo, la soledad, la desesperación, el estrés, la muerte. Vi morir gente vieja, joven y niños… y también salvé a muchos. Llegué a ser instructor regional y provincial de aspirantes a bomberos.

Luego mi vicio se centró exclusivamente en las mujeres... de otros... y llegué a ser como un príncipe con su harén. Tenía hasta diez mujeres a mi disposición... o viceversa. Conviví con la mentira en versión tridimensional. Jugué a todos los juegos sexuales conocidos, tanto, que hasta perdí el amor por mi familia. Mi segunda esposa me abandonó. Mis hijos me negaban.

Hasta que una fuerza profunda sacudió mi cuerpo para que despertara de ese sueño omnipresente. Y comencé a leer profusamente, libros de todo tipo. Desde criminalística y filosofía, hasta las Sagradas Escrituras... Lo que llenó lentamente el espacio vacío de la perversidad, con dosis de interna rebelión divina. Y comencé a ver con los ojos y la mente.

Hoy escribo en mi propia página web, trabajo en un Club Social, produzco dos programas radiales, vivo con mi compañera y mis hijos a quienes amo muchísimo y adoro a Dios, ante todo.

Mario Roque Ramonda, 49 años
Gálvez, Santa Fe, ARGENTINA

Encontré a mi esposo en la ducha con mi mejor amiga

Solía aconsejar a una amiga con la mejor de mis intenciones, sin saber, sin sospechar siquiera que, a medida que la ayudaba, más me enterraba en una arena movediza que parecía a la vista consistente.

A Tamara la conocía desde que éramos pequeñas. Era siempre alegre y alocada a pesar de los problemas que le aguardaban en su casa. A veces tenía que comer, bañarse y dormir en la mía. Sus padres peleaban a menudo y eran muy severos con ella, haciendo su estadía en su propio hogar menos placentera.

En su adolescencia siempre que quería algo lo conseguía al instante, sin importar el precio que debía pagar o a cuántas personas podría dañar. Lo más importante para ella era solucionar sus ansias de obtenerlo todo.

Mis padres no estaban de acuerdo con la amistad que existía entre nosotras, porque sabían que Tamara caminaba por "caminos pedregosos". Pero era mi mejor amiga.

Tamara se casó y tuvo un hijo. Cuando se peleaba con su esposo se iba de la casa, aunque siempre retornaba.

Al cabo de diez años de matrimonio, Tamara decidió separarse de su esposo. No tuvo adónde ir así que el cuarto de mi niña lo dispuse para el alojamiento temporal de Tamara.

Mi amiga comenzó a cooperar en mi casa comprando

alimentos, entre otras boberías. También nos compartíamos los deberes de la casa. Pensé que había juzgado mal de su actitud en épocas anteriores y me alegré de que al fin existiera esa amistad, para siempre.

Tiempo después, al salir del trabajo, llegué a mi domicilio. Cuando abrí la puerta del baño, me encontré a Tamara saliendo de él con el cabello y el cuerpo envueltos en una toalla y con los pies descalzos. No obstante, se escuchaba el sonido del agua saliendo de la ducha, y al deslizar la cortina me encontré a mi esposo asombrado, enjabonándose.

Lo único que se me ocurrió exclamar en ese momento fue: —¡¿Y esto qué cosa es?!!

—Mira Sandra… —me decía mi esposo algo tembloroso—. Yo me estaba bañando y ella entró para tomar un pomo de champú.

—¡Sí, un pomo de champú! —interrumpí sarcásticamente.

El rostro se me puso caliente y mi corazón palpitaba aceleradamente. Traté de imaginar que era una pesadilla. Estaba atónita, inmóvil. Los nervios causaron que recogiera todas mis cosas y me fuera para la casa de mis padres.

Mi esposo, cubierto de jabón y en ropa interior, seguía mis pasos dándome explicaciones. Tamara se quedó quieta; no dijo nada. Solo observaba el transcurso de la discusión, hasta que salí por la puerta principal.

Después del suceso, comencé a recibir llamadas de mi esposo. No las contestaba, pero sí oía el contestador: "Por favor Sandra, aquello fue horrible. Ella entró al baño con esa excusa, ni siquiera pidió permiso. Al principio pensé que eras tú, y me dijo que solo recogería el champú, que no me preocupara. Entonces llegaste tú…".

Así decía cada vez que llamaba y no le alcanzaba los

20 segundos del contestador automático. Incluso se atrevió a hablar con mis padres, los cuales charlaron conmigo y me hicieron entender. Ellos nunca tuvieron buena opinión de Tamara. Perdoné a mi esposo pero no volví con él, porque aún me quedaba la duda.

Poco tiempo después me enteré que Tamara estaba presa. La encarcelaron por tratar de matar a su esposo con agua hirviendo. Cuando fui, me lo confesó todo. Ella se había lavado el cabello en el lavabo que está en el patio. Se colocó la toalla para cubrirse. Sabía que yo iba a volver del trabajo en cualquier instante, así que se metió en el baño en lo que mi esposo se duchaba, con la excusa del champú.

Me dijo que él se puso nervioso y le indicó que afuera, en la cómoda, podría encontrar otro. Ella insistió en entrar y tomó el que estaba dentro, solo para molestar y lograr que yo entrara en el momento que ella salía.

Todo lo hizo para probar a mi esposo. Si él le seguía el juego, el objetivo sería estar con él hasta lograr separarnos. La Biblia dice: "Ayuda al prójimo y te ayudarás a ti mismo", pero si realizar esta buena acción perjudica tu felicidad, no lo hagas.

Daya, 22 años
Centro Habana, CUBA

Decidí darle una patada a la puerta del clóset

Luego de vivir atormentado durante mucho tiempo, intentando ocultar tras máscaras y disfraces la complejidad de mi preferencia sexual, decidí dar la cara y derribar de una sola patada la puerta del clóset para centrarme realmente en lo que soy, sin importar el qué dirán de las personas. Debo confesar que el primer asomo es duro y muy aterrador, porque no sabemos cómo van a reaccionar quienes se encuentran a nuestro alrededor. Comencé con mi hermana, quien aún dice que yo solo estoy confundido, luego mi novia (quien ya no está conmigo) y algunos amigos (gracias a Dios aún quedan verdaderos amigos). El momento más desconcertante fue enfrentar a mi padre.

Ese día mi padre y yo íbamos en auto al centro comercial. De pronto me entró una profunda tristeza, que quizás no comprendí de momento. Él me preguntó qué me pasaba y yo solo miraba por la ventana. Seguía preguntando y yo no quería hablar. De pronto le dije:

—Sucede que soy malo y que quizás nunca llegue a ser lo que tú esperas de mí. He hecho cosas malas y por eso me siento mal.

Él, sin entender mucho, me preguntó:

—¿Pero, qué tan malo puedes ser? ¿Has matado a alguien? Eso es lo peor que puede hacer una persona.

Se lo solté de una vez:

—Papá, soy bisexual —y muy rápido me bajé del carro, dejándole un montón de preguntas sin responder en su cabeza.

Todo el tiempo que pasó desde que me bajé del carro hasta que regresé, mi mente estuvo en blanco. No podía pensar; no podía sentir. De regreso al carro abrí la puerta y me senté a su lado. Hubo silencio, mucho silencio, hasta que no se aguantó y me dijo:

—Con respecto a lo que me has dicho, te voy a dar tres respuestas. La primera, como un particular; la segunda, como amigo y la tercera, como tu padre:

Como particular, no me importa lo que hagas con tu vida. Es tuya y no tengo derecho a opinar nada sobre lo que decidas hacer con ella.

Como amigo, tengo que aceptarte, porque la amistad está por encima de todas las cosas, además de respetarte y admirar tu valentía al enfrentarme y decirme sin miedo lo que piensas y lo que eres.

Y como padre, solo te puedo decir que te amo infinitamente y en mí tienes un apoyo. Soy tu papá y tengo la necesidad de apoyarte en las cosas que hagas, aunque a veces no esté totalmente de acuerdo y sé que tu madre, si estuviera viva, también te apoyaría porque ella también te amaba, incluso más de lo que pueda amarte yo. Me siento feliz de que estés confiando en mí y me hagas parte de tu vida porque eso me dice que el trabajo que hice fue bueno y que tengo gran parte de tu confianza y de tu respeto, igual que tú el mío. Si antes te admiraba, ahora te admiro más. Y si antes te respetaba, ahora te respeto el doble, porque hay que tener coraje y valentía para afrontar ante mí tu condición.

Nunca voy a olvidar sus palabras. Papá me extendió su mano, una mano fuerte y rústica por el trabajo, y me dijo:

—¿Ves esta mano? Con esta mano (su mano derecha) he trabajado duro desde que naciste y espero que cuando te sientas caer, te aferres a esta mano que siempre estará abierta para ti, para ayudarte y aconsejarte en todo momento. Ahora no entiendo bien y tú me tienes que ayudar a comprender tu mundo y a través de ti intentaré comprender a todas las personas que son como tú.

De verdad hoy en día siento que tengo el mejor padre de todos, una persona que durante toda su vida se ha esforzado y se esfuerza por ayudarnos y porque cada día seamos mejores personas.

Aún me queda mucho camino que recorrer y muchas verdades que afrontar. Sin embargo, con la aprobación, el respeto y el apoyo que tengo de mi padre, me basta para darle la cara al mundo y sentirme bien como soy, sin máscaras, sin disfraces, sin circo ni jolgorio. Hoy por hoy, y después de esto, siento que soy mejor persona.

Angelbixx, 26 años
Barcelona, Anzoátegui, VENEZUELA

A los 15 años se enteró de que su madre era prostituta

Mónica la había visto muy pocas veces en los últimos años, pero siempre que pensaba en ella, veía su rostro hermoso y su cuerpo bien torneado. No cabía dudas de que Elaine, su madre, era una mujer muy atractiva. El recuerdo de Elaine estaba enlazado a aquella habitación pequeña, húmeda y oscura donde alguna vez vivió con ella y donde se recordaba a sí misma, chupando tete y tomando leche en biberón. Tenían que caminar el largo corredor de agrietadas baldosas para utilizar el único baño que había para las quince habitaciones del piso.

En aquel pequeño cuarto conoció el miedo. En las noches veía alzarse bultos negros frente a la cama y no podía gritar porque Elaine le tapaba la boca, diciéndole que se dejara de payasadas absurdas. Aquel lugar apestaba a amoníaco, o sería el olor de sus pañales donde se sumaban todas las meadas del día, hasta que Elaine le daba un baño antes de dormir en una vieja palangana oxidada.

Elaine salía desde temprano y la dejaba con una vecinita que no había cumplido los doce años. Ella la entretenía contándole historias de fantasmas, decapitados y monstruos que salían de las sombras en medio de la noche y se comían a los niños. Luego le daba de comer una papilla gris y pegajosa que ella misma cocinaba.

De aquel recuerdo nauseabundo, siempre su memoria saltaba sin aparente transición a una casa clara, limpia y ventilada, donde creció rodeada del cariño y las atenciones de su tía Dulce, hermana de su padre, a quien siempre llamó "mami", porque fue quien veló sus noches, quien la cuidó en sus enfermedades, quien lavaba y planchaba su ropa y le cocinaba sus platillos favoritos.

Nunca supo por qué su vida había cambiado de un extremo a otro, pero cuando escuchaba al padre los domingos en la iglesia hablando de las bondades del Señor, pensaba que seguramente Diosito, en Su infinita misericordia, se había apiadado de ella y una noche mientras dormía la había cargado en Sus brazos poderosísimos y la había depositado en el umbral de su "mami" Dulce, para que ella fuera al fin una niña feliz.

También le parecía extraño que en aquella casa no se mencionaba jamás a Elaine y cuando ella preguntaba por su madre, le contestaban que ella ahora vivía muy lejos y acto seguido cambiaban la conversación. Ella venía a verla una vez al año, el Día de Reyes o en septiembre por su cumpleaños, y en una ocasión llegó de repente en plena Nochebuena y se sentó a cenar con la familia. Sus visitas eran siempre iguales, le traía un regalo, la sentaba en sus piernas un par de horas y desaparecía hasta el próximo año.

Mónica creció en un ambiente familiar, donde recibió estudios, excelente educación, buenas costumbres y muchísimo amor. Su padre no vivía con ella, pero la visitaba una o dos veces por semana y conversaban largas horas. Era su confidente, la persona con la cual podía hablar de cualquier tema y comunicarle sus inquietudes y sus sentimientos. Era un hombre de mente abierta y llegó a convertirse en su mejor amigo. Pintor y poeta, tenía la sensibilidad necesaria para comprender a una adolescente romántica que hacía sus primeros pininos en el arte de versar. Él fue su primer crítico literario, el mejor de todos.

El día en que Mónica cumplía sus quince años, Elaine llegó con una chiquilla de la mano. En el justo momento en que Mónica vio aparecer a aquella niña, todas las piezas comenzaron a caer en su lugar. Un viejo recuerdo que había estado dormido en el fondo de su mente despertó de golpe, su memoria se remontó a una noche muy lejana en su primera infancia y recordó con nitidez la imagen de una bebita que dormía en una cuna pequeña.

Elaine, vestida para salir, le había dicho: "Si llora, le untas el tete en azúcar y se lo pones". Cuando la bebita comenzó a llorar, ella se dispuso a seguir las instrucciones, pero el recipiente del azúcar estaba en un gabinete muy alto para ella, que tenía a la sazón cuatro años, así que tuvo que ingeniárselas para alcanzarlo. Buscó un sillón de madera, el único asiento que había en la pequeña estancia, y lo fue moviendo con mucho esfuerzo hasta lograr acercarlo al gabinete. Se encaramó en el respaldo, desde donde pudo pasarse al saliente del gabinete y alcanzar el recipiente. Ya con él en la mano, se lanzó desde lo alto al piso, untó el tete en el azúcar y se lo colocó a la bebita que, tan pronto comenzó a succionar el dulce alimento, dejó de llorar.

La fiesta de sus quince había sido preparada con mucho esmero. Había gran cantidad de invitados, todos sus amigos de la escuela, sus primos, tíos y vecinos. Había comida en abundancia y gran variedad de bebidas y licores, además su padre había contratado un grupo musical juvenil. Mónica estaba fascinada, pero en medio de su alegría, de pronto percibió que Elaine y su padre, habían desaparecido de la vista de todos. Extrañada, comenzó a buscarlos por todas partes hasta que llegó a su habitación y encontró la puerta cerrada. Acercó su oído a la puerta y pudo escuchar a sus padres que hablaban. En ese momento, Elaine decía:

—No fue así, ya estábamos separados cuando nació Malena.

—No trates ahora de confundirme, no quieras cambiar las cosas. Yo sé perfectamente cómo fue todo, aún estábamos casados —contestó su padre.

—Ignacio, yo solo tenía dieciséis años. ¿Sabes lo que son dieciséis años? ¡Apenas un año más de los que Mónica cumple hoy! Te fuiste y me dejaste sola con la niña, sin un centavo, sin una carta, sin una explicación. ¿Cómo iba a creer que te habías ido a la guerra? Pensé que me habías dejado por otra mujer. Hice lo único que podía hacer. Acepté el primer trabajo que apareció.

—¿Y no pudiste encontrar algo más decente?

—Fue lo primero que encontré y tuve que aceptarlo. Uno de los clientes me prometió que se haría cargo de nosotras y que me pondría a vivir como una reina. Yo creí en sus promesas, me ilusioné, llegué a creer que con él se acabarían todas mis angustias y me dejé llevar.

Después me embarazó y me soltó como una papa caliente. Lo único que hizo fue agravar más la situación, porque en vez de una hija, ahora tenía dos que mantener. Por eso cuando tú regresaste de la guerra me encontraste con Malena recién nacida.

—Podías haber esperado un poco más.

—Y tú podías haberme escrito aunque fuera una nota explicativa antes de irte al frente…

Y así siguieron largo rato discutiendo el asunto del huevo y la gallina. Ellos jamás se pondrían de acuerdo en cuanto a sus propias debilidades y a sus respectivos errores, pero Mónica había comprendido por qué Diosito, tomando la forma de su padre, la había sacado en brazos del fétido cuartucho, aquella noche maravillosa en que la calabaza se convirtió en carroza y su vida se iluminó para siempre.

Miriam De La Vega (Miruchi)
Hialeah, FL, EE. UU.

Del abismo y la luz

Borracha, me violaron cinco hombres

Caí en el alcoholismo porque mi familia no me entendía y yo sentía que no me querían. Todo esto sucedió durante mi adolescencia y por la falta de comunicación con mi familia. En la escuela y en el trabajo, los compañeros se acercaban a mí para invitarme a fiestas prácticamente todos los días. Eso me agradaba ya que me sentía popular e importante para la gente que me buscaba. Además, me ayudaba a olvidar los problemas que tenía en casa.

Empecé tomando en las fiestas y reuniones a las que asistía, pero llegó el momento, sin darme cuenta, que ya lo estaba haciendo a diario. Aun así, siempre pensé que era una bebedora social, hasta que el alcohol se volvió un desinhibidor que me hacía sentir que era más agradable y simpática. Me hacía sentir feliz y querida por los que me rodeaban. Pero todo se acababa cuando el efecto pasaba y me sentía avergonzada por lo que recordaba que había dicho o hecho. Por eso volvía a tomar, para olvidar y sentirme bien, creando un círculo vicioso del que no podía escapar.

Todos los días tomaba para sentirme mejor, pero también todos los días despertaba con una resaca terrible más depresión y vergüenza por lo que había hecho el día anterior. Me arrepentía y quería dejar la bebida, pero volvía a caer una y otra vez sin poder lograrlo.

Cometí tantos errores bajo los efectos del alcohol que da vergüenza enumerarlos: desde el ridículo de orinarme y no poder dar un paso, hasta irme a la cama con cualquier tipo, siendo juzgada por cuanta gente me vio o escuchó de alguien lo que hice. Hubo quien me quiso ayudar y me rescataba de algún abusivo que se quería propasar... la mayoría, quería abusar de mí.

Una noche me violaron 5 hombres, pues yo no podía ni moverme de lo alcoholizada que estaba y al otro día ni siquiera podía ir a la policía ya que no recordaba las caras de los violadores ni tampoco había rastro de violencia. La vergüenza me hacía callar, pero no dejar de tomar.

Llegó un día en que quise suicidarme, pero al fallar mi intento y verme en la más honda depresión, decidí dejarlo.

Carolina Nader, 25 años
Metepec, Estado de México, MÉXICO

Empezó a beber desde niña pero salió de ese infierno

Esta es la historia de Nora, a quien entrevisté cuando pertenecía al colectivo de escritores de "Francamente", espacio radial sabatino:

Nora vive en la ciudad de La Habana, Cuba, y reza a diario para no tener una recaída alcohólica. Empezó de niña, con apenas 12 años, a beber con su padre que era estibador en la zona del puerto. Allí iba a diario; allí se embriagaba a diario. La madre optó por una solución: "Si sigues bebiendo de esa manera te vas de la casa". Y como a Nora no le interesaba dejar de beber, se fue de la casa.

Vagó, deambuló, anduvo por las calles de La Habana. Durmió en parques, terminales de ómnibus, ómnibus en marcha. Hizo el amor con el que le daba un trago o un plato de comida, sin importarle si era hombre o mujer. En su deambular conoció a Pepe, un buen muchacho, huérfano de madre y padre, hijo único, que vivía solo. Empezaron a vivir juntos con la promesa, por parte de Nora, de que no bebería más.

Al año se embarazó y nació Luisito. Tras dar a luz, volvió a beber. Bebió tanto que intentó darle alcohol a su niño recién nacido, y gracias a Pepe no llegó a concretarlo. La solución que encontró fue abandonar la casa y dejar a su hijo con el padre. Volvió a sus andadas, hasta que en un accidente de tránsito, Pepe perdió la vida.

Regresó a la casa, y la existencia de Luisito se convirtió

en un verdadero infierno. Cada borrachera se convertía en una golpiza, y como las borracheras eran a diario… Todo lo vendía para comprar alcohol. No se preocupaba por su hijo, y si por casualidad iba a la escuela, la emprendía contra los maestros y tenía que ser arrestada por la policía. Faltó muy poco para que le quitaran la custodia del niño, hasta que alguien le habló de Alcohólicos Anónimos.

No muy convencida, comenzó a asistir. Negaba que fuera una alcohólica, hasta que paulatinamente se concientizó de su problema. Hace dos años que no bebe, aunque confiesa sentir en ocasiones deseos de tomarse un poco de alcohol, pero se aguanta. Se aguanta porque si no, lo poco que ha conseguido se va a la mierda.

Aldo Luberta Martínez, 23 años
Asunción, PARAGUAY

Por culpa de mi madre alcohólica

"No bebas más, mamá", suplicaba María. María era una pequeña de ocho años de edad cuando comenzó a comprender que la vida no era hermosa. Ella fue feliz hasta el día que se enteró que su papá no era aquel hombre que la cuidaba y le daba cariño. La mentira la destruyó por completo pero el verdadero calvario empezó cuando sus padres se separaron. Su madre empezó a perderse en el alcohol y en la mala vida, descuidando a sus hijos.

Después de un tiempo, su madre hizo pareja con otro hombre, con quien tuvo una hermosa niña, pero con muchos problemas de salud debido al alcohol que consumió su madre durante el embarazo. En consecuencia, la pequeña falleció a los cinco meses de edad. Esto hizo que la madre se perdiera más aún en el alcohol, encerrándose en otro mundo donde María y su hermana no tenían cabida, quedando totalmente desprotegidas. Ambas solían ir a la casa de su tía a pasar varios días hasta que su madre se acordara de ellas.

Cierto día, la pareja de la madre trató de abusar de la pobre María; cuando ella se lo contó, solo recibió mal trato, culpándola su madre de lo sucedido. Noches y noches de borrachera hicieron que todo fuera una pesadilla. María ya no sabía en quién confiar pues solo escuchaba palabras hirientes de la boca de su madre: "Vos no sos mi hija", solía decir y la niña solo pensaba, ¿adónde debo ir?".

Finalmente huyó de su casa, durmiendo en calles e iglesias hasta que su tía la encontró y la llevó a vivir con ella, pero su madre la volvió a buscar.

Pasó el tiempo... Ella trabajaba para darle de comer a sus hermanas, hasta que un día llegó un joven a su vida que le ofrecía un futuro nuevo, distinto al que vivía. Sin pensarlo, con solo 15 años, se casó y se fueron lejos de ese lugar. Siempre pensó que fue egoísta al dejar a sus hermanos pero ella sentía que debía apartarse de esa vida. Tuvo unos hijos maravillosos y trató de ser feliz.

Después de 15 años, volvió a ver a su madre. Aunque vio a una mujer derrotada por el alcohol, la pudo perdonar.

Silvia, 39 años
Adolfo G. Chaves, Buenos Aires, ARGENTINA

Por culpa de mi padre alcohólico

Si tratara de recordar momentos felices con mi padre y mi madre juntos no encontraría ninguno. Veo fotos y a veces aparecen recuerdos de mi infancia al parecer felices, pero en mis pensamientos están presentes discusiones, golpes y gritos. Mi padre es un alcohólico y si pudiera decirles lo que ha significado en mi vida, les diría que es una persona que destrozó nuestro hogar.

Mi madre y él se divorciaron cuando yo tenía seis años. Recuerdo claramente cuando mi madre sufría violencia doméstica porque mi padre, aparte de ser un enfermo alcohólico, también fue mujeriego. Terminó casándose luego con la secretaria de la panadería que fundaron mis abuelos, quien también era confidente de mi mamá.

Recuerdo que pasó el tiempo. No sé exactamente cuánto pero sé que mi mamá ya no pudo mantener a sus dos hijos. Yo no entendía qué pasaba. Solo veía a mi mamá vender nuestro televisor, nuestras camas y otros enseres y yo no sabía por qué o para qué.

Lo entendí unos meses después, cuando mi mamá decidió viajar a Miami para poder trabajar y proporcionarnos todo lo que fuéramos a necesitar. Cada Día de las Madres sufrí y lloré por mi mamá.

Muchas personas la culpan por habernos dejado solos

con mi papá, nosotros no. Mi hermano y yo sufrimos violencia doméstica. Yo más que nadie porque mi resentimiento hacia mi papá era enorme. Lo culpaba y él, dejándose llevar por los comentarios de mi madrastra, descargaba en mí su cólera cuando estaba ebrio.

Hace un año salí de mi casa para no volver jamás. Conocí al amor de mi vida y ahora solamente faltan días para el nacimiento de mi hija.

A veces en esta vida nos suceden cosas que no entendemos. Mi padre destrozó nuestras vidas pero aprendí de esa experiencia y juré que iba a ser mejor persona que él y lo logré. Soy feliz.

LMille, 22 años
Clearwater, FL, EE. UU.

Me escapé del alcoholismo y hoy la vida me sonríe

No quería hacerlo pero parecía la mejor decisión. Mi padre era alcohólico, mi hermano mayor también. Yo quería ser como ellos. Después, me di cuenta que bebía por imitación. Quería ser importante dentro del grupo social que frecuentaba. Quería ser como un actor de cine o de televisión. Lo tenía todo y no tenía nada. Solo necesitaba un trago para hacer más triste la destrucción moral, emocional y física.

El tiempo pasa rápido y cuando me di cuenta, habían pasado los años y en mi corto o largo caminar dejé una gran estela de destrucción. ¿Por qué? Porque ya para aquel entonces, había abandonado la universidad, la familia, el hogar, todo…

No me acordaba ni de mí mismo. En medio de la depresión, el tedio y la soledad, solo sabía que bebía para vivir y vivía para beber. No había otra alternativa, pero sí había un escape, una salida, y eso era el suicidio. No tuve valor para ello. La soledad, el miedo y la impotencia fueron siempre mis fieles compañeros.

Siempre me decía: "Este es el último trago", pero nunca lo cumplí. En la soledad, el miedo y la depresión, nunca se vislumbra el horizonte, y es porque ya se ha terminado la esperanza, la esperanza de volver a ser uno quien fue, ser uno mismo. La esperanza de salir del infierno, de ese callejón de donde ya no se regresa, de allí, donde la ciencia y los profesionales que la aplican dicen que son casos irreversibles y el mío era uno de esos.

Sin embargo, existen los milagros. Un día alguien me levantó del suelo y me dijo: "Yo era peor que tú, y me recuperé. Si tú quieres, tienes la solución en tus manos". Me llevó a una reunión de Alcohólicos Anónimos, me dieron la bienvenida, una bienvenida a un mundo sin alcohol, lleno de amor y esperanza.

Si tú crees en Dios, verás que la carga se hará menos pesada, y así ha sido hasta el día de hoy. Hoy tengo la alegría de vivir sin alcohol, y soy feliz. Me dijeron: "La sobriedad no es un estado de letargo, sino una mejora permanente".

Armando Flores, 60 años
Cranston, RI, EE. UU.

Salí de las drogas, pero terminaré en la cárcel

Las drogas afectaron mi vida de una manera realmente trágica. Me metí tanto en ese mundo, que cuando llegó el momento en que no tuve dinero para comprarla, hice casi de todo. Me ofrecieron vender y yo acepté, pero todo lo que sacaba lo gastaba de nuevo en ella y cada vez contraía más deudas con los que me ofrecían la droga para vender.

Aquello se fue haciendo cada vez más grande, como una bola de nieve. No encontraba una salida o por miedo, no buscaba una solución a mi problema. Llegué al punto de robar a alguien de mi familia y a mis mejores amigos.

Ahora ya estoy totalmente recuperado de mi adicción y no consumo ninguna clase de droga. Sin ayuda de nadie salí del ambiente en el que me movía, de la ciudad en la que vivía, pero por culpa de mi adicción, tengo ahora problemas con la justicia. Me enfrento a un juicio por robarle dinero a mis amigos.

Llevo cuatro años esperando que llegue el momento en que tendré que rendir cuentas de mis actos y en esos cuatro años no he podido descansar ni estar a gusto. Tengo miedo a la cárcel, llevo soñando y temiendo ese momento.

En esos años, por mi cabeza han pasado muchos pensamientos, como el suicidio. Nadie en mi familia sabe nada y vivo yo solo mis miedos y mis angustias. Solo puedo decir una cosa, que por lo menos estoy fuera de ese infierno de las drogas, aunque ahora esté en otro infierno del que no sé como saldré. Tengo mucho miedo a lo que me depara el destino...

Ahora llevo una vida normal, trabajo en una gran empresa y el día que llegue el momento del juicio no sé qué pasará. Ahora que tengo mi vida más o menos encauzada, el llegar a tener que entrar en prisión será volver a caer en un pozo. Pero si algo tengo claro, es que no volveré jamás a consumir drogas. Así es como afectaron las drogas mi vida: la destruyeron.

Juan José, 49 años
Madrid, ESPAÑA

Primero me la regalaban, después la compraba

Trabajaba de bailarina en un *table dance*. Tenía que estar delgada así que me volví anoréxica. Cierto día me contaron las ventajas de una droga y pensé que además de la solución a mi anorexia, era la solución para no tener sueño y para estar delgada y, como mi trabajo lo exigía, poder tomar sin que el alcohol me entorpeciera.

Había comenzado a trabajar en aquel lugar pero ya antes había tenido tentación por saber qué era el llamado *ice* (cristal). Allí vi que muchas chicas lo usaban normalmente y sin ningún problema, en el camerino. Me ofrecieron varias veces y para no quedar mal les decía: "Gracias, hace un rato lo usé".

Llegó a trabajar conmigo una amiga que no les seguía mucho su rollo y empezaron a ignorarla. Después ella se fue con mi novio, mi abuelo falleció, y mis problemas económicos crecieron, ya que aparte de hacerme cargo de mis dos hijos y dos hermanos ahora tenía que ayudar a mi tía y sus cuatro hijos.

Y una noche ¡Bum!… estalló la bomba y empecé a consumir. Al principio era poco y hasta me la regalaban. Después era a cada rato y la compraba. Fue así por cinco largos años en los que me pasó de todo, aunque nunca perdí mi objetivo: el cuidado de mis hijos.

Ahora, después de esa amarga experiencia, voy a cumplir un año libre de drogas, en paz, casada, y con mis dos hijos. Por momentos he estado a punto de ceder pero sigo en la lucha y seguiré por ellos, por mi esposo, pero sobre todo por el amor que me tengo.

Aby, 29 años
Tijuana, Baja California, MÉXICO

De lo intenso y lo extremo

100+

Mi esposo quiso matarme dos veces

Sufrí, en muchas ocasiones, violencia doméstica. Pero hubo dos que fueron un horror. Mi pareja se fue de la casa. Después de meses me llamó, pidiéndome que lo buscara, que quería regresar. Le dije que jamás volvería. Me dio la impresión de que estaba borracho y me amenazó con que si no iba por él, nos mataría a todos, que ni el conejo se salvaría. Me asusté y le dije que llamaría a la policía.

Media hora después, golpeó la puerta y ventana. Asustada, llamé al 911 y dejé descolgado el teléfono. Antes de que llegara la policía, él rompió la puerta, entró y empezó a golpearme. A puño y mordidas pude salir por la puerta trasera. Junto a mis hijos salí casi desnuda y descalza a la calle hasta que una patrulla me alcanzó a varias calles y me acompañó. Yo no quería entrar porque tenía miedo. Ya mi hombro y cuello estaban mordidos. Los policías me pidieron que entrara con ellos, me dijeron que ellos me cuidarían.

Cuando entré lo esposaron. Los agentes me pidieron que me vistiera para ir al tribunal a someter cargos. Entré al cuarto a vestirme y vestir a mis hijos. Miré por el espejo y pude ver que a mis espaldas estaba mi pareja con unas tijeras. Por mucho que grité, me dio tres puñaladas. A mis hijos pequeños los bañé de mi propia sangre. Le grité a los policías:

—¿¡Por qué le quitaron las esposas!?

Las policías corrieron; los cinco agentes se habían entretenido y esto casi me costó la vida. Fue horrible. Mis heridas se inflamaron y aún me quedan las "marcas" de estas. Pasaron varios años para recuperarme. A mi pareja lo metieron en la cárcel.

La segunda ocasión pasó un día después de largo tiempo sin saber de él. Me llamó y me suplicó que quería ver a su hijos. Me opuse, pero me mandó una foto suya en donde le pasaba un pan a un niño descalzo. Me dio pena con él, así que me llevé a mis hijos para verlo.

Cuando llegué a su casa me estacioné. Mandé los niños a donde él estaba. Como se tardaban en bajar, me preocupé. Al rato subí… Me tenía una trampa para acabar conmigo: Quería estrangularme enfrente de los niños. Ya casi vencida sentía a los nenes gritando:

—¡No mates a mi mamá!

Mientras el demonio decía:

—¡Te mataré!

Dios me ayudó: Logré safarme y varias personas acudieron en mi ayuda y me rescataron de él.

Leonidas Santana, 40 años
Bronx, NY, EE. UU.

Perdí mi virginidad con un extraño

Empezaré diciendo que las influencias en tu vida son las que hacen de ti el tomar una decisión equivocada. Mi primera relación sexual fue con un perfecto extraño, a quien conocí en una esquina. Él era un hombre de negocios y yo una practicante de colegio y no tenía la mayoría de edad. Lo conocí en unas horas y en la noche de ese mismo día estaba romanceando con él.

Yo no me consideraba una persona que se metería con un extraño. Él me llamó unas 2 veces más después del día en que lo conocí y de repente un buen día, cuando nos besábamos, no supe cómo decir "no" en el momento adecuado y quedé teniendo relaciones con un hombre que, a la larga me enteré, era casado, tenía hijos y yo era su "moza" sin saberlo.

Por eso, al comienzo de este relato dije que una mala influencia afecta mucho en la vida. Yo recuerdo que en algún momento en el que podía haber dicho que no a la situación ¡pensé que era la única virgen de mi grupo de amigas! Me mataba la curiosidad y creí que ya era hora de perder mi virginidad con un perfecto extraño, total que yo no tenía novio.

Esta mala decisión terminó afectando mucho mi vida. Me arrepiento rotundamente de haber perdido mi virginidad con una persona a quien no amaba ni por quien sentía gran afecto. Ese hecho me ha marcado para toda la vida. Mi consejo para ustedes lectores es que guarden esa ocasión tan especial en la vida para la persona adecuada y que no cometan el mismo error que yo cometí.

Que al recordar su primera experiencia sexual lo hagan con alegría y no con lágrimas en los ojos por una mala decisión.

Iabb, 18 años
Colón, Colón, PANAMÁ

Tuve miedo a morir en manos de mi esposo

Siempre supe que la violencia doméstica es un mal que enferma el desarrollo de las sociedades. Luego de crecer en un ambiente rodeado de comunicación respecto al tema, me sorprendí a mí misma en una relación violenta. Cuando se ha escuchado tanto sobre esto, lo que menos se piensa es que se ha llegado allí sin haberse dado una cuenta.

El hombre que elegí para formar una familia era un príncipe que se transformaba en monstruo cuando sus palabras eran contradichas por cualquier persona. Aunque no fuese yo quien opinara distinto, toda la furia verbal, y muchas veces física, se descargaba sobre mí.

Una de las veces que tuve más miedo de morir fue aquella en la que durante la cena todo estuvo normal. Comenzamos a hablar sobre su familia y yo dije que había investigado el valioso trabajo artístico de su padre y que lo admiraba, pero él entendió que yo lo estaba criticando negativamente y comenzó a gritar, diciendo que yo no era nadie y que su padre era un genio y yo una basura. A cada insulto se sumaba un empujón, apretaba mi cara con sus fuertes puños y comenzó a ahorcarme. Cuando ya no pude gritar por la falta de aire, su hermana llegó y lo pudo alejar de mí.

Al día siguiente, llamé por teléfono a su madre y, mientras le contaba lo sucedido, se acercó por mi espalda y me pegó fuertemente en la cabeza con un objeto que no pude identificar. Yo comencé a gritar y a tirarle todo lo que encontré cerca sin acertar un solo golpe.

Salí huyendo de la casa directo a la fiscalía y nunca más volví, ni siquiera a buscar mis pertenencias. El proceso judicial duró dos años, durante los cuales recibí amenazas y sobornos. Llamaba a la casa de mi madre para insultarnos a ambas, pero yo seguí adelante y pude mantenerme por mí misma.

Hoy soy una mujer que trabaja y estudia, tengo una pareja amorosa y comprensiva que conoce mi historia y me valora además por haber sido valiente. Salir del terror no es fácil, pero sí se puede.

Eva, 27 años
Santo Domingo, REPÚBLICA DOMINICANA

Mi madre me pegaba y me humillaba

Conocí la violencia desde muy pequeña, aunque en ese entonces la llamé "temor a mamá". Ella siempre estaba de mal humor. Cuando yo tenía 4 años le diagnosticaron epilepsia y posteriormente bipolaridad también. Se caracterizaba por ser totalmente controladora y manipuladora. Dios sabe cuántas veces no me chantajeó con suicidarse si papá se enteraba de las amenazas y golpes que me daba.

Pero la violencia física era lo de menos. Decir que yo no servía para nada era lo que me tenía al borde de la locura. Me sentía menos que la nada.

Ella escogía cómo me iba a vestir y cada cosa debía estar en su lugar. Era de locos... Cualquier pequeño error desataba su enojo y comenzaban los gritos, golpes y tirones de cabellos. Era una persona enferma y estaba bajo tratamiento médico, pero parecía no tener ninguna mejoría.

Muchas veces quise entenderla. Pienso que la violación que sufrió por parte de su hermano mayor tuvo que ver con el porqué ella era así. Llegó el momento en que me agobiaba tanto que juro que quería dejar la casa o simplemente dejar de vivir. El cuidarla desde muy pequeña era una carga muy fuerte, pues papá siempre estaba en el trabajo y él prefería no confrontarla.

Un día cuando estaba por cumplir 15 años, quise comprarme unos zapatos y como no eran los que ella quería me pegó en la calle. Esa fue la gota que derramó el vaso y mi paciencia se acabó. La presión que llegué a sentir sobre mí desencadenó una serie de consecuencias en mi salud que decidí que era la última vez que me pegaba, que me humillaba y que me enfermaba física y psicológicamente.

Hablé con papá y le pedí que me alejara de ella; lo que trajo como consecuencia un divorcio que para mí fue mi pase a la libertad.

Hay días en los que me pregunto: "¿Qué derecho tiene una persona, por muy enferma que esté, a lastimar y fracturar a su familia de la manera en que ella lo hizo?" Hoy tengo 22 años, vivo con mi papá libre del yugo de mi mamá y soy la persona más feliz y tranquila del mundo. Le deseo luz en su vida pero sé que lejos vamos a estar mejor.

Mariela Martínez, 22 años
México, D.F., MÉXICO

Me golpeaba y amenazaba con quitarme a mi hija

Soy cubana y pronto harán dos años que llegué a la Florida, huyendo de los maltratos del padre de mi hija.

En 1999, cuando apenas tenía 19 y un mundo por delante, me casé con un muchacho de origen mexicano que me parecía encantador. Yo estudiaba en mi país y tenía la ilusión de ser alguien en la vida. Vivía con mis padres y hermanos y era feliz. Me lo presentó el esposo de una prima. Nos caímos bien y comenzamos a conocernos. Él tenía 34 en aquel entonces.

Pasaron siete meses antes de que nos casáramos. Él me prometió que podía estudiar en su país y solo así acepté alejarme de lo que más quiero en la vida: mi familia.

A mi llegada a México todo era extraño para mí, pero también fascinante. Fue un choque cultural tremendo. Llegué a vivir en la casa de mi suegra, donde yo era el bicho raro y tema de burlas y críticas de todos en su familia. Me sentía muy sola porque mi esposo no me apoyaba en nada.

La razón nunca estaba de mi lado, pues mis ideas y forma de pensar eran mal vistas porque según ellos los cubanos somos muy liberales. De entrada no podía salir a la calle hasta que él no llegara del trabajo. Estábamos en un espacio reducido y ni siquiera podía tratarlo como a mi esposo, ya que su mamá se metía en todo y de todo quería disponer.

Cuando al fin, casi a la fuerza, nos fuimos a vivir solos,

empezó mi calvario. Él me achacaba todos los problemas. Decía que por mí había perdido libertad y terreno con su familia porque no me querían. Era yo la del problema.

De estudiar, ni soñarlo. No me fue posible ya que quedé embarazada muy pronto y tuve que dedicarme del todo a mi hija. Comenzaron los gritos, malos tratos, golpes, humillaciones y hasta me amenazaba con quitarme a mi hija; por eso me retuvo tanto. No sabía qué hacer ni a quién acudir.

Un día me cansé y lo abandoné. Llegué a este país donde he salido adelante a pesar de todo. Ahora llevo una vida plena y feliz.

Isabel, 26 años
Miami, FL, EE. UU.

Hieren más las palabras que los golpes

El 7 de septiembre del 2002, me casé con el hombre más maravilloso del planeta. Era el príncipe azul que toda mujer sueña. Cometí el peor error que puede cometer una mujer: vivir en casa de la suegra.

A los 2 días de mi boda desapareció el encanto de esta, ya que al llegar mi marido del trabajo y entrar al cuarto él ya sabía cuántas veces me había llamado mi mamá y muy molesto me reclamó. Mi mamá me llamaba porque me encontraba enferma por causa de mi embarazo.

Enojadísimo me dijo que mi mamá tenía que entender que yo ya no estaba con ella y que ya no era lo mismo. Sin embargo, yo no podía entender por qué él sí podía estar con su mamá como si nada hubiera pasado.

A los 4 meses nos mudamos a un departamento, pero era como si estuviéramos todavía viviendo con mi suegra. Salíamos a la calle y primero pasábamos a verla; regresábamos no sin antes pasar a verla. Me sentía mal porque me sentía la segundona pero no le daba importancia.

Cuando nació mi hijo mi mamá me atendió ya que nació por cesárea y yo no podía hacer gran esfuerzo. Mi suegra no era capaz ni de darme de comer. Sin embargo a mi marido le molestaba que mi madre me ayudara.

Ahora mi hijo tiene 6 años y siempre me lo han peleado

porque quieren cuidarlo y que esté siempre en casa de mis suegros, pero yo no lo he permitido ya que le digo a mi marido que mi hijo tiene madre para que lo cuide y se haga cargo de él pero esto me trae muchos conflictos. He pasado por una depresión de la cual estoy intentando salir pero no dejo de sentirme mal porque yo creí que mi matrimonio sería para toda la vida y creo que no lo será.

Ahora soy estudiante de pedagogía y comienzo a salir del bache profundo en que me encontraba. Por fin estoy recuperando mi autoestima y creo que estoy saliendo de esto. No le deseo a nadie lo que yo pasé y creo que el maltrato causa adicción y cuesta mucho trabajo salir, pero no es imposible. Yo tengo mi mayor motivación que es mi hijo y por él estoy saliendo de esto.

Duele más una palabra que un golpe.

La Princesa, 29 años
San Luis Potosí, San Luis Potosí, MÉXICO

Con tu mirada me decías: "bola de sebo estúpida"

Era obvio, cuando llegaba la hora de volver a casa, sentía un duro nudo en el estómago. Sabía con certeza que allí estarían los gritos, los reclamos; mi incompetencia al descubierto. Cada vez que abrías la boca empezaba a ver tus encías reflejando mi idiotez que, frente a mis notas universitarias, lucía incongruente. Sabía con seguridad que la causa de una nueva deconstrucción de mi personalidad provendría de un capricho, un arroz quemado o incluso de tu abandono de un trabajo que te fastidiaba.

A veces no gritabas, simplemente me mirabas como diciendo "bola de sebo estúpida", entonces sonreías y me decías un te quiero insípido, preparándote para mandarme a hacer la cena. Aun agotada, sabía que la única escapatoria a una nueva situación estresante era hacer un par de arepas y comer contigo sin hambre.

Creo que lo peor era cuando amanecías radiante, dulce, y en la tarde dejabas mensajes de adiós y recriminaciones diseminadas en el suelo. Cada vez que me lastimaste, usaste una piel más dañina que la del cinturón. Me degradabas diariamente, poco a poco, me usaste como sostén, me hiciste trabajar para ti, complacer tus caprichos, pagarte las cenas, dejarme utilizar sin siquiera darme cuenta.

Caí en el pozo interminable del llanto silente, en la resignación aguda de la impotencia, del saberme arrastrada por una situación más poderosa que yo. Y lo peor es que te amaba. Y me golpeabas el alma, y más te amaba. Aún te amo, pero poco a poco me resisto a ti; me niego a continuar siendo tu juguete.

Sé que me has engañado con otras. Sé que tal vez no me ames, pero en mi interior sé que te puedo demostrar que merezco respeto y que puedo dejarte. No sé muy bien cómo, pero puedo hacerlo. Por ahora soy débil. Intento unir los fragmentos que has lanzado al piso. Intento ver tus defectos con mayor nitidez. Creo que ha sido la naturaleza de tu maltrato la que ha impedido que reaccione, la que me ha impulsado siempre a disculparte, pero ahora lo sé, sé que no tienes perdón.

Hebe Leopardi, 30 años
Caracas, VENEZUELA

Salí de Guatemala
y entré en *Guatepeor*

Nunca pensé que la violencia doméstica que se había generado en mi casa pudiera afectarme en la relación de pareja. Desde que recuerdo, a la edad de 10 años, mis padres peleaban entre sí, algunas veces era porque mi padre andaba borracho, otras porque se enojaba por cualquier cosa y otras porque mi mamá, con su comportamiento, lo provocaba, al menos eso daba a entender.

Aún recuerdo como, un día que llegó mi padre del trabajo en completo estado de ebriedad, mi madre hizo que nos metiéramos debajo de la cama para que no nos viera y no se desquitara con nosotros. Él acostumbraba golpearnos a la primera señal de que no hiciéramos caso de lo que nos ordenaba, por eso mi madre prefería alejarnos de él para protegernos.

En mi ingenuidad de niña, imaginaba que un día alguna nave de otro planeta vendría y nos llevaría a mi madre y a todos nosotros, sus hijos, de ahí y viviríamos felices. O tal vez que cuando creciéramos mi padre cambiaría, pero no fue así.

Ahora ya madura, con casi 35 años, mi padre lejos de mejorar, ha empeorado, a tal grado que en ocasiones algunos de mis hermanos han tenido que llamar a la seguridad de la ciudad.

Ahora, ya grande, he comprendido que ningún hombre cambia y que si una mujer no trabaja para mantenerse, es tratada como un trapo por su marido. Es casi como la relación de huésped y parásito, así la ve el hombre violento y se lo hace saber en todo momento.

Yo odiaba toda esta situación y nunca pude imaginar que a mí me sucedería igual con mi pareja. Nunca pensé que cuando encontrara el amor, con él encontraría el reflejo de mi padre. Aunque al inicio todo fue atenciones, servilismo y amabilidad, al final me di cuenta de que estas eran las tretas que utilizaban los hombres para conquistar a las mujeres y que luego dejan aflorar sus verdaderas intenciones.

Yo no quería un hombre como mi padre. Odiaba la violencia y todo lo que ello conllevara, así que después de algún tiempo, y de muchas discusiones, decidí terminar con el amor violento y con la frase de mi madre: "Es que él me necesita".

Sherezada, 39 años
Monterrey, Nuevo León, MÉXICO

Soy una cobarde por aguantar a mi esposo

Yo soy una mujer que ha vivido en medio de violencia desde que era niña. Ahora ya soy adulta y tengo 3 hijos. Mi marido es una persona agresiva y humillante y cuando toma alcohol me agrede. Me reprocha que fui madre soltera y por una relación que tuve después.

Hace 4 años regresé a vivir con él porque estaba sola y aún estaba estudiando. Lo dejé porque me golpeaba muy feo y tenía una amante que era dueña de un negocio en el centro de Orizaba. Entre los dos me humillaban cuando los encontraba.

Un día decidí irme para vivir en paz, pero como no tengo apoyo de mi familia tuve que quedarme en la casa que comparto con él, quien se aprovecha de eso. No ratifiqué la denuncia por violencia doméstica porque sus padres me lo pidieron. Ellos me han ayudado y ambos están enfermos. Me han suplicado que nunca lo haga para que mis hijos crezcan en un hogar que yo no tuve.

Pero hoy encontré esta página web, y para desahogarme de todo lo que llevo por dentro, empecé a escribir mi historia. Yo creo que soy muy cobarde, porque nunca he hecho nada para que este cobarde deje de agredirme. También creo que no tengo malos sentimientos, porque no soy capaz de dañar a nadie. Solo le pido a Dios que haga que mi esposo no me siga lastimando y que lo haga madurar, para que se comporte como un hombre y no como una bestia.

A veces las mujeres pasamos por mil cosas pero lo peor que nos puede pasar es no tener una familia que nos apoye: Esa es otra razón por la que sigo aquí, para que a mis niñas no les pase lo mismo que a mí.

Espero que esta pequeña reseña de mi triste vida sirva para que otros padres apoyen a sus hijas; así evitarán que cualquier hombre con el que se casen las maltrate.

Dian, 31 años
Orizaba, Veracruz, MÉXICO

Mi pareja era una bestia asesina y drogadicta

Cuando una proviene de un hogar donde el amor y el respeto primaban por encima de cualquier problema material, donde no hubo jamás cabida a las ofensas ni mucho menos a las humillaciones, cada golpe que se recibe duele mucho más. Ante el ejemplo de unos padres que se amaron y se respetaron por 48 años, y que solo la muerte de uno de ellos pudo separar; no se concibe que tu pareja te ofenda, te humille y te pegue.

Luego de haber llegado a esta nación, conocí, tras el rostro de la hipocresía, el flagelo de la violencia doméstica que convertía mi cuerpo en un océano de moretones. Sentía emociones truncadas ante mi pareja que era un león asesino adicto a las drogas y al alcohol.

A pesar de que a diario sentía en carne viva la tristeza y la humillación, como una "ilusa enamorada" pensaba que las cosas cambiarían. Un caudal de amarguras e incertidumbres rodearon mi existencia al lado del macho que me usaba a su antojo, que me golpeaba hasta que no me quedaba un ápice de dignidad.

El miedo de clamar por ayuda se fue tornando cada día mayor debido a mi condición migratoria haciéndome sentir incapaz de hacer valer mis derechos. Era como si temiera que mi voz reclamara respeto y cese al dolor que me despertaba cada mañana con el orgullo de mujer reducido a nada.

Pero una noche, cansada de tratar de cubrir mis lesiones

físicas, de ocultar tras una máscara de maquillaje e hipocresía el dolor moral y callar por miedo a lo desconocido, decidí no soportar una más.

Busqué salidas; en ese momento pensé que cualquier cosa, hasta la deportación, era mejor que ir por la vida sintiendo al enemigo junto a mí. Dicen que el tiempo todo lo cura, pero para aquellas mujeres que un día sentimos en cuerpo y alma el flagelo de la violencia doméstica esto es solo una utopía, ya que esta experiencia se mantiene viva hasta el final de nuestros días.

Es un proceso muy lento en el que tenemos que aprender a valorarnos, a sentirnos importantes, a salir airosas en una sociedad machista que, pese a la cantidad de víctimas de violencia doméstica, todavía se empeña en restar importancia a esta realidad.

Hoy, a años de esta terrible experiencia, puedo decir que aprendí a vencer las dificultades y sanar las heridas internas, aceptando que un rayo de luz esperanzador me despierta cada mañana y me coloca frente a un presente prometedor y distinto.

Mi voz se ha convertido en un alerta para aquellas mujeres, víctimas de violencia doméstica, recordándoles que hay mecanismos, ayuda y que al final del oscuro túnel hay una luz de esperanza y de amor genuino.

Beatriz Pérez, 43 años
Lawrence, MA, EE. UU.

Me entró a patadas recién operada de una cesárea

Nada justifica ser víctima de violencia doméstica. En mi caso fue muy difícil y me marcó más porque me sucedió lejos de mi país. Yo soy cubana y el que abusaba de mí es mexicano. Nadie jamás me defendió, ni siquiera su familia. Todo comenzó porque él se vio en una situación económica apretada: el dinero no alcazaba y se irritaba por cualquier cosa. Tomaba mucho, su mal humor crecía y enseguida la violencia se apoderaba de él. Recuerdo muy bien los golpes e incidentes.

Una vez me arrastró por los pelos por el departamento. En otra ocasión, yo estaba acostada y se subió encima de mí. Me agarró las manos y me dio cachetadas sin parar. No recuerdo cuándo terminó ese infierno, creo que duró hasta el otro día.

Lo peor pasó cuando estaba yo recién parida por cesárea. Exactamente a los 21 días, me entró a patadas… Es muy difícil contar estas historias porque vuelves al recuerdo, pero el alivio es fenomenal.

Él me ha pedido perdón por todo lo que me hizo. Yo lo he perdonado y gracias a Dios él no lo ha hecho más. Pero tengo que decir que viví los momentos más desagradables de mi vida.

Actualmente vivimos en Estados Unidos. Él no sabe

cómo se convirtió en ese ser despreciable. Él se controla pero yo siempre estoy a la expectativa porque recuerdo el pasado. Aunque no ha vuelto a suceder, eso me marcó profundamente.

Yo tengo 43 años y él 52. Tenemos tres hijos que ya están grandes. Siempre converso con ellos para que esta desagradable experiencia no continúe en otras generaciones.

Lor, 43 años
Sarasota, FL, EE. UU.

Cuando el amor muere, el divorcio es la salida

¿Por qué se llega al divorcio? Por una sola razón: se terminó el amor de pareja en ambos.

En mi caso, hasta un año antes de separarnos me di cuenta de que mi esposo nunca me amó. Eso es muy duro de enfrentar. Sé que me quería, sé que estaba a gusto cuando estaba conmigo, ¡pero también sé que nunca me amó!

Yo pensaba que solo me casaría por amor y ¡así lo hice! Yo lo amaba, lo adoraba, su voz, sus palabras, sus actividades, todo era primero. Yo hice todo lo que él pedía, lo cuidaba, lo procuraba; hacía todo lo posible y casi lo imposible para que estuviera bien. Le perdonaba cualquier cosa: dejarme plantada, no hablarme, no dar dinero para la casa y las niñas, su manera de tomar, todo lo justificaba y perdonaba.

Al principio creía que me amaba, pero con el tiempo me di cuenta de que me necesitaba para ciertas cosas solamente y aun así seguí amándolo con la esperanza de lograr que me amara. Pero...

Cuando una planta no la riegas y cuidas se muere y así murió mi amor por él, poco a poco, despacio y sin darme cuenta. Un matrimonio se puede mantener en armonía cuando por lo menos en uno de los dos existe amor, pero en mi caso ninguno de los dos sintió amor ya por el otro.

Fue terrible enfrentar que no me amara, pero gracias al

amor que siento por mis hijas me pude levantar, pude superarme y salir de la crisis tan fuerte. Ellas hasta la fecha son las que me mantienen feliz y tranquila, sin necesitar a otra persona a mi lado.

Mi actividad profesional, ser madre, hija y mis actividades personales con mis amigas y amigos me permiten estar en paz conmigo y vivir tranquila.

A la fecha llevo una relación cordial con mi ex, principalmente por mis hijas, pero también porque le tengo estima. En general es un buen hombre y he tenido su apoyo cuando se necesita para las niñas.

Los dos siempre hemos creído que no necesitas vivir en pleito eterno con los demás, por eso nos llevamos bien cuando salimos juntos con las niñas.

¡Traten de ser felices por su bien!

María

El divorcio es como quitarse unos zapatos apretados

El divorcio es abrir una puerta con inmensas ventanas a la libertad; quitarse los zapatos apretados. Es el momento en que uno se da cuenta de que se convive con el enemigo, con un personaje lleno de secretos, con las miles de dudas que castigan la noche y el día, mientras las horas pasan tratando de hacer maromas para evitar la realidad. Hay que aceptar la ruptura por lo sano.

Tomar la decisión es darse la oportunidad para llenarse de sí mismo y de la seguridad de que una puede ser una persona completa. Experimentar la separación es también una forma de individuación, una forma de procesar la vida con luz propia y con la energía suficiente para no decaer en el momento en que las fuerzas se pierdan de vista.

El divorcio no es una forma de desamor: es el amor que aún le queda a cada uno para ir por caminos distintos y recuperar belleza, autenticidad y transparencia. Es por ello que, pese a las dificultades con las cuales tropezamos el día a día posterior a la separación, este tiempo también es una forma de recrear la existencia y darse la oportunidad de vivir con lo que resta y con lo que se suma a la vida.

Se da la espalda al otro para darle la cara a la vida; darle la cara a un camino que no es posible transitar acompañados. Es una forma de madurar y una forma de reconciliación con uno mismo.

Como mujer, la vida te da premios insustituibles: los hijos, los logros... Pero lo más importante es tenerse a sí misma y verse completa, sana, capaz de vivir sin miedos, sin esperar la aprobación del otro, sin la inmensa cadena que te obliga a una cama llena de hendiduras en las cuales se fuga el deseo por la noche mientras que el otro duerme pensando en otras posibilidades.

El divorcio devuelve la dignidad y la tolerancia a los sentimientos de los demás y permite ver, desde otra óptica, lo que hiciste en el tiempo de convivencia: una evaluación para transmitir a otros desde cualquier perspectiva. Un aprendizaje.

**Ingrid Chicote, 43 años
Villa de Cura, Aragua, VENEZUELA**

Me fue infiel
al mes de casarnos

Me fui de mi hogar porque mi marido me fue infiel. Teníamos 7 años de convivencia y proyectos en común (un restaurante). Él me fue infiel al mes de casarnos. Yo me enteré por anónimos pero le creía a él. Cuando se dieron evidencias que era cierto (a los 10 meses) comencé a fingir que no lo creía para poder reunir pruebas.

Hoy estoy en pleno proceso del divorcio legal y estoy viviendo sola. La infidelidad fue devastadora y muy humillante. Vivimos en un pueblo de 2500 habitantes y el casamiento reunió a 350 personas, así que tuvimos mucha exposición pública y me sentí muy ridiculizada por la actitud suya. La palabra exacta para definirlo fue "devastación". Era tan ilógico lo que me decían esos anónimos que no lo pensé como posibilidad porque me daba miedo ver tanta perversidad.

Tengo varias enfermedades, entre ellas un cáncer de tiroides en remisión. Mi padre falleció hace varios meses, mi madre de 82 años tiene que operarse del corazón y mi única hermana hace dos meses que tiene metástasis ósea por un cáncer desconocido, presuntamente mamario. Ella está separada y vive con mi única sobrina de 19 años. Vivir mi divorcio entre todo esto es como hacer varios duelos a la vez y no sé de dónde saco fuerzas.

Aparte de la infidelidad, mi esposo comenzó a maltratarme ante terceros y amenazó con quemarme la casa. Varias veces amenazó con suicidarse si lo dejaba. Así es como empezó una escalada de violencia desde que nos casamos: infidelidad, maltrato psicológico, amenazas de suicidio y de quemar la casa. Me vendió un personaje y yo le creí.

Todavía me despierto por las mañanas y no creo todo lo que me pasa. Comencé con el divorcio legal y espero que lleguen mejores días. Soy una optimista y tengo ganas de vivir con felicidad. Pese a todo, aprovecho los momentos con mi familia y disfrutamos los proyectos que hacemos. Con esas ilusiones seguimos adelante. Duele mucho que se termine un proyecto de vida de dos y el destrozo de los sueños.

Ave Fénix, 56
Cholila, Chubut, ARGENTINA

Yo era un adolescente
y ella, toda una mujer

Fue en un paseo, un inolvidable paseo, donde nos conocimos. Yo era un adolescente con 15, en plena inmadurez. Ella era toda una mujer, en bello resplandor con sus 19 años. Me hechizó con todo su ser desde el primer instante en que la vi, con su sonrisa, su cabello rubio suelto ensortijado, su esbelto talle y su esencia de mujer única que la hacía entre todas diferente.

Diferencias y obstáculos fueron la constante en mi camino de conquista que hacía de mi sentir un amor imposible. Yo, con mis 15 años, cursaba tercer grado de secundaria. Ella, con sus 19 años, cursaba segundo semestre de odontología.

Después de aquel paseo, frecuenté su círculo de amigos y cada día me enamoraba más y más. Callé mis sentimientos hacia ella por más de 6 meses, hasta que me llené de valor y le declaré todo mi amor. Me llevé una gran sorpresa cuando mis labios rozaron los suyos y en espasmos de emoción contenida, brotó nuestro primer beso.

Esa mujer inalcanzable me dio el sí que marcó mi vida a los 15 años. Fue mi primera novia, mi primer amor. Esa mujer se convirtió en mi esposa cuando cumplí mis 20 años. Esa mujer me ha dado momentos maravillosos e inolvidables. Esa mujer me dio el mejor regalo que he recibido al hacerme papá.

Hoy en mis 34 años esa mujer es mi esposa, la misma

que he amado y amaré por siempre. Si no fuera por mi esposa y mi hija, jamás hubiera conocido el amor.

Jovanny Orozco, 34 años
Medellín, Antioquia, COLOMBIA

Me casé a los 18 y me fue difícil convertirme en mujer

Cuando me casé tenía 18 años, y me costó mucho dejar de ser una adolescente para convertirme en mujer. Hoy, después de casi 14 años de matrimonio, estoy segura de que lo hice bien. Si hago un análisis de estos años me doy cuenta de que me he enamorado y desenamorado tantas veces de mi marido que ya perdí la cuenta. Por supuesto, los mejores recuerdos son los de los días que estuve enamorada, que no fueron muchos pero sí suficientes para quedarme a su lado.

De los demás días, ¿qué puedo contar? Son todos: la rutina, los chicos, los problemas domésticos, las pocas ganas de encontrarse, las críticas mutuas, los portazos, mi llanto, su incapacidad de intentar entenderme solo porque "soy mujer" y se supone que nadie nos entiende... Así que, ¿para qué se va a esforzar uno?

Aun con esta experiencia y los años que pasaron, hay días en que me encuentro mirándolo como antes, deseando que se dé cuenta de que estoy para ayudarlo, que sepa que me enojo con él cuando llega tarde solo porque lo extraño. Creo que él no se da cuenta de lo que siento y ¡cómo me enoja!

La verdad es que el amor es algo ciclotímico, si uno lo intenta analizar, y llego a la conclusión de que es cierto que del amor al odio hay un paso, no más.

¿He pensado en intentar estar con alguien más? Todos

los días. Pero hace tiempo me di cuenta de que nada es lo que uno pretende que sea, de que las cosas buenas son las que más cuestan conseguir, de que hay que seguir remando, como le digo siempre a mi mejor amiga, y decido seguir a ver a dónde me lleva la corriente.

Elijo quedarme dormida todas las noches con las cosas que me hicieron bien. Lo otro no deja de ser rutina, cosas que no puedo manejar, y entonces me aferro a lo único verdadero que tengo: un hombre que duerme a mi lado todas las noches, que me cuida (a su manera pero yo la entiendo), que me elige, que no me entiende, pero sigue él también remando conmigo y, aunque no lo veo, seguro que hay algunos días en que me mira con amor.

Natu, 32 años
Bahía Blanca, Buenos Aires, ARGENTINA

Matrimonio: ¿Amor o negocio fácil?

He tratado de mantener mi matrimonio porque así me lo han inculcado desde que tengo uso de razón. Mi mamá siempre me dice: "Ya te casaste; ya te fregaste". Ella piensa que cuando hay un divorcio los únicos que sufren son los hijos. Yo, aunque pienso diferente, no he tenido las agallas para tomar la decisión de irme porque él dice que no se va a ningún lado, y como no tengo trabajo ni casa, está seguro de que no tengo a dónde ir y con tres niños en la actualidad es muy difícil.

Tengo miedo de no poder sacar a mis niños adelante sola, sin ninguna ayuda. Le tengo miedo también al fracaso como mamá. Creo que he fracasado como esposa y creo que es un proceso muy largo y difícil para llevarlo sola. Mi familia no está cerca de mí para apoyarme. En total, los pretextos pueden ser miles… Lo único que me falta es el valor para tomar la decisión e irme sin mirar hacia atrás.

Siento que sería muy triste volver a empezar una vida sin el apoyo de nadie pero también admiro muchísimo a las mujeres que lo han hecho. Tengo amigas que me preguntan:

—¿Por qué has aguantado tanto?

Yo les contesto: —Por comodidad.

Veo como ellas batallan día a día con el problema del dinero y yo muy cómoda solo estiro la mano. El otro día leía una pregunta que decía: "Matrimonio: ¿Amor o negocio fácil?"

y creo que en cierta forma es verdad. No deja de ser un negocio donde en su mayoría se involucran sentimientos, y peor aún, no siempre es equitativo.

Depende de cada quién cómo lleva su vida marital. Hoy en la mía solo caben la desesperación, la intranquilidad emocional, la desconfianza, el desamor, etcétera. Daría lo que fuera por encontrar esa valentía para tomar las riendas de mi vida y volver a ser feliz con lo que decida yo.

**jarabatotriste, 29 años
Ramos Arizpe, Coahuila, MÉXICO**

Mi esposo se avergonzaba de mí y decía que era muy fea

En el año de 1994 contraje matrimonio con Alexander Arraga, pero en realidad nunca sospeché que desde el principio fui utilizada por él. Comencé a descubrir sus mentiras. Él decía que sus padres habían muerto en un accidente, luego descubrí que estaban vivos. Él se avergonzaba de mí y no quería que su familia me conociera. Cuando me di cuenta, pensé que eso era un problema pasajero, pero en realidad era el comienzo de la tortura más grande de mi vida.

Yo era una joven bastante anticuada. A pesar de ser joven, crecí en una iglesia evangélica con reglas muy duras y mi apariencia no era muy agradable. Sin embargo, cuando fui al altar pensaba que eso no importaba. Para mí no existió una luna de miel; todo fue devastador cuando descubrí que mi esposo se avergonzaba de mí.

Me humillaba mucho y cuando comencé a buscar empleo, él me tomaba por el pelo, me ponía frente a un espejo y me gritaba que jamás nadie me daría empleo porque era una inútil; y que aprendiera a mirarme a un espejo porque nadie me podía querer porque era muy fea. Era horrible cuando eso sucedía.

Hubo tantos maltratos que no alcanzarían las líneas para contarlo... Después de tres años yo seguía aguantando en silencio. Todos creían que todo iba bien, porque nunca me atreví a hablar.

Entonces comenzó a pasar por mi cabeza que no quería vivir. Dios sabía que estaba dispuesta a hacerlo... Después salí embarazada y sentí que debía luchar por mi hijo. Pensé que eso arreglaría la situación. Cuando le dije que estaba embarazada fue peor: Me pidió que abortara o me dejaba. Yo decidí tener a mi hijo.

Él se fue, pero luego regresó y el tormento fue peor. Quería que perdiera a mi hijo y cuando nació intentó regalarlo. Por suerte, la persona que contactó era buena y hoy en día es mi mejor amiga. Hoy estoy divorciada. No fue fácil el proceso de divorcio, pero se me otorgó por excesos de sevicia e injurias graves. Actualmente vivo en EE. UU. y tengo una pareja.

María Díaz, 34 años
Richmond, VA, EE. UU.

La esposa del pedófilo

A los 17 años conocí a quien fue mi marido por más de 20 años. Luego de tres años de pololeo quedé embarazada. Nos casamos en medio de tormentosas realidades familiares. Estudiamos y construimos paso a paso un proyecto de vida a partir de la nada. Ambos, estudiantes universitarios, éramos felices comiéndonos un completo con una chela el viernes por la noche. Él era surfista y soñaba con que sus hijos también lo fueran.

No podía sospechar lo que el futuro nos depararía: una mujer mayor, inescrupulosa, casada con uno de los pedófilos más connotados de la década, destrozó a mi familia y a muchas otras. Tal vez quedó chalada luego de su matrimonio con Claudio Spiniack y siguió así por la vida dejando la escoba. Creo que deberían existir leyes para personas así. Es increíble lo que la calentura hace en hombres aburridos de sus largos matrimonios.

Cuando él me confesó que tenía una infección de transmisión sexual no pude evitar tirarle la piscola en el rostro. ¡Qué cresta era eso de la clamidia… por suerte me salvé del sida! Sobreviví algunos meses entre la depresión, el alcoholismo, la violencia, el psiquiatra y la nada. Hasta que la magnitud del combo en el ojo que me dio para el año nuevo del 2004 me hizo huir de Iquique, dejando casa, muebles y una vida, arranqué en busca de la dignidad perdida.

Me instalé en Santiago gracias a un acuerdo extrajudicial que me otorgó los medios para poder venirme a cambio de no denunciarlo. A la larga, este acuerdo se volvió en mi contra porque judicialmente quedé metida en un embrollo sin fin... pero como la vida continúa...

Mis ángeles no me abandonaron: pusieron en la puerta de mi nuevo departamento —lleno de cosas prestadas, donde mi chiquitita y yo jugábamos a pisar las hojas crujientes del otoño bajo un nuevo sol— a un músico *rockero* maravilloso, hermano de mi mejor amiga, y pude comprobar que la historia del ave fénix existe. El amor todo lo puede, más que los psiquiatras, pueden los sueños y el amor. Podemos renacer de las cenizas.

Thai, 44 años
Santiago, CHILE

Mi esposo no es lo que yo creía

Son las 3 de la mañana y estoy sentada frente al monitor, mis manos resbalan sobre el teclado apenas sin guiarlas. En estos momentos me pregunto ¿qué pasó con mi vida? ¿A dónde fue a parar toda aquella pasión, aquella alegría que vibraba en mí todo el tiempo, aquella felicidad que me estremecía por el solo goce de vivir, la fascinación que ejercía sobre mí el más pequeño detalle a mi alrededor, una flor, una gota de rocío, las luces navideñas? Siempre pensé que los seres humanos estamos dotados de una gran capacidad de asombro y eso es lo que nos mantiene vivos.

Hoy noto que he dejado atrás aquella infinita capacidad de asombro y me he quedado huérfana de ilusiones. Mi eterna adicción a la vida ha quedado atrás y me duele ver como se malgasta esta inmensa acumulación de amor, esta necesidad de amar y ser amada, esta desbordante pasión lista para incendiar las noches con alguien que alimente mis deseos. Es una sensación tan fuerte, que con frecuencia siento que mi pecho va a estallar. Hay momentos en que temo que mi corazón se paralice antes del próximo latido y se pierdan tantos besos y caricias, cuando hay tanta gente necesitando amor.

He amado con devoción y entrega, he practicado el perdón todos y cada uno de los días, he perdonado humillaciones, agresiones y mentiras, dejando a un lado mi propio orgullo, todo en nombre de mi gran amor. Y esto es lo que recojo al final, después de tanta dedicación. Ya no existe contacto visual, ni verbal, ni carnal, simplemente no existe contacto, se perdió toda comunicación... se perdió todo.

Cada noche me acuesto junto a un desconocido y la grieta entre los dos es tan grande que me asusta pensar que al voltearme en la cama pueda caer en un abismo... Y aunque el deseo no cesa de estremecer mi cuerpo, solo me envuelve la frialdad de la noche, y no puedo entender cómo dejé pasar mi vida, esperando que él se convirtiera en el hombre que yo soñaba. Ahora comprendo que eso nunca sucedió por una razón muy simple: Él nunca fue el hombre que yo quise creer que era y el tiempo se deslizó mientras yo esperaba que el limonero me diera uvas.

Yo quería un hombre que velara por mí, que me hiciera sentir cuán importante era para él, que me prefiriera a cualquier otra cosa en el mundo, como él siempre estuvo para mí antes que el resto del universo, incluso antes de mí misma.

Quería un hombre que me admirara, que se enorgulleciera de mí y lo gritara al mundo. Que me viera eternamente hermosa, porque sabría valorar el ser trascendente y esencial que habita bajo mi piel.

Que escuchara mis comentarios y valorara mis consejos aunque no los siguiera. Que me acompañara a galerías, teatros, fiestas, reuniones de amigos o cualquier oportunidad en que pudiera demostrarme que disfrutaba compartiendo conmigo, aunque a veces nuestros gustos o intereses no coincidieran.

Nunca exigí joyas, perfumes, ni bienes materiales de ningún tipo, pero hubiera sido inmensamente feliz si tan solo hubiera demostrado un mínimo de avidez por leer lo que escribo y me hubiese animado a seguir.

Sé que he desperdiciado mi vida; la dejé deslizarse en

silencio, sin hacer nada por salvarla y ahora es demasiado tarde. Cada minuto que pasó ya no regresa y a estas alturas del camino no puedo recuperar el tiempo que perdí.

No culpo a nadie, yo soy la única responsable de mi dolorosa pérdida. Me engañé a mí misma durante tantos años. Debí tomar acción desde la primera muestra de desinterés, incomunicación, irrespeto o desamor, pero seguí esperando por el milagro y aquí estoy en la línea descendente de la vida, sin saber cómo seguir adelante ahora que estoy convencida de que el milagro nunca llegará.

Miriam De La Vega (Miruchi)
Hialeah, FL, EE. UU.

A los 16 me fui de putas para hacerme "hombre"

Fue el día que cumplí dieciséis años. Unos amigos mayores me llevaron de putas como regalo de cumpleaños ¡para hacerme un hombre! Fuimos al mejor barrio de putas que había en toda la provincia. Enseguida el mayor de los que íbamos me dijo: —Mira lo buena que está aquella tía.

La miré y me gustó. Sería mayor que mi madre pero llevaba minifalda y tacones muy altos. Le dije a mi amigo que quería a aquella, y él se encargó de hacer el trato. Habló con ella y enseguida se dirigió hasta donde estábamos los demás. Llegó muy decidida… era más alta que yo. Me acojoné… Hubiera salido corriendo en aquel momento, pero sin embargo aguanté y cuando llegó le toqué el culo como me habían dicho que hiciera y le pregunté el precio de la siguiente manera: —¿A cuánto está la carne?

—Nene, son doscientas y la cama.

Parecía mucho dinero, pero habíamos ido a eso, además iba invitado. Así que acepté y me fui con ella. El corazón se me salía del pecho y ya no había marcha atrás. ¡Iba a follar! Podría luego contarlo y presumir de ello.

Llegamos a una casa muy cutre. Abrió la puerta la alcahueta, una vieja que había sido puta y que ahora se dedicaba a alquilar habitaciones para esos menesteres. Entramos y mi profesora me dijo: —¡Anda nene, paga la cama! ¡Dale diez duros! Yo se los di y ella nos dio una toalla y una jarra de agua caliente. Al entrar en la habitación, me pidió las doscientas pesetas y nos desnudamos.

—¡Nene date prisa, que es para hoy! Seguro que era la costumbre el meter prisa; yo obedecí sin rechistar.

Ella se sentó en cuclillas en una palangana que puso encima de una silla de anea y se lavó. Luego, me sentó a mí y con sus manos me lavó mi herramienta y recuerdo que con aquella maestría y profesionalidad que tenía en sus manos, se puso tan dura y excitada que estuve a punto de terminar la función en aquel mismo momento...

Después de eso y ya en la cama perdí lo que me quedaba de inocencia en unos juegos que apenas duraron cinco minutos. De regreso pensaba en todo lo que había pasado y que por fin ya era un hombre, pero lejos de enorgullecerme, me avergonzaba de lo que había hecho esa noche. No se lo conté a nadie, solo hablábamos de eso entre los que habíamos ido aquel día.

Después la cosa se repitió, y repitió y fuimos a otros sitios, hasta que terminó por hacerse aburrido, y cuando una cosa no es divertida ¿para qué hacerla? De esa forma entré en el mundo prohibido del sexo.

El sexo o el deseo sexual, ha sido y es uno de los motores que han movido mi vida. He crecido y madurado, motivado por mis deseos sexuales. Me han hecho perder mucho tiempo y desgastarme más aún, pero, a pesar de la parte que pueda tener de negativa, yo siempre supe sacar mis enseñanzas y creo que volvería a hacer las mismas cosas una y otra vez.

En el sexo tengo que reconocer que me encuentro esclavo de mis pasiones y de mis instintos, la naturaleza me dotó para ello y seguramente de alguna manera desarrollé mi inteligencia para conseguir mis objetivos sexuales y poder llegar donde no llegaba mi atractivo personal.

**Escorpión, 50 años
Cartagena, Murcia, ESPAÑA**

Puedo tener hasta 30 orgasmos

Desde el inicio de nuestra adolescencia, a nosotras las mujeres se nos enseña el recato, a callar nuestros pensamientos y acciones, ¿pero qué pasa después?

Al momento de casarnos se espera que seamos abiertas al amor, seductoras, *sexis* y en fin, todas unas profesionales. En mis tiempos nadie hablaba abiertamente del sexo. ¿Qué era en realidad aquello que deberíamos sentir? Pues yo supuse que lo sabía ya todo... Hasta que escuché decir a una amiga que ella empapaba las sábanas cada vez que tenía un orgasmo.

Entonces, no pregunté más por temor a parecer mala amante. Sin embargo, la duda quedo en mí. Me atormentaba pensar que tal vez había algo de lo que yo me estaba perdiendo. Fue entonces, tras una pelea matrimonial, que tuve sexo con mi esposo y al usar sus manos, empezó a salirme agua... ¡Sí!... agua pura, y todo mi cuerpo se estremecía. Entonces supe lo que era un orgasmo. Claro que esto pasó después de 12 años de matrimonio.

Después de ese suceso, fue que me animé a comprar por televisión un vibrador. Al principio no le encontré ningún chiste; lo guardé en mi cajón por varios años. Después lo saqué y volví a intentarlo, entonces descubrí el verdadero placer de tener de 20 a 30 orgasmos seguidos. Tanto que fui a dar al hospital, ya que, después de tantísimo placer, mi cuerpo tuvo una descompensación.

Luego aprendí a ser un poco más moderada y cada vez que uso mi vibrador, tengo de 10 a 15 orgasmos (no más porque el desgaste de mi cuerpo es mucho). Salen de mi cuerpo litros y litros de líquido y la verdad no creo que con un hombre pueda alguna mujer tener esta cantidad de orgasmos y a ese súper nivel.

La verdad es que lo recomiendo tanto para mujeres casadas, como para solteras, viudas o divorciadas de cualquier edad. Eso sí… Hay que irse con calma, el placer es demasiado y no lo creerás hasta que lo pruebes. Ahora nadie tiene por qué renunciar a los placeres del sexo, solo compra un vibrador y aprende con calma a conocer tu cuerpo.

Vibra, 39 años
México, D.F., MÉXICO

De lo terrenal
y lo celestial

La muerte no existe, es solo un cambio de dimensión

Durante mi infancia en España, siempre sentí especial interés en lo paranormal. El tema de los "espíritus" o "fantasmas" siempre fue algo que me atrajo.

Fue en 1995, tras un accidente de coche en Texas, que comencé a querer saber mucho más acerca de lo inexplicado. El conductor del vehículo en el que viajaba perdió el control del mismo, golpeándonos fuertemente contra la valla de hormigón que separaba ambos carriles. Comenzamos a girar rápidamente sin tener control alguno sobre el coche.

Los segundos comenzaron a pasar muy lentamente, como si de minutos se tratase. Si bien no sentía ningún miedo de morir, mi cerebro empezó a visualizar imágenes de mis seres queridos, mis padres, hermanos y amigos. Podía verles sufriendo por mi pérdida, sumidos en profundo dolor y angustia, y comencé a sentir yo misma dolor por ellos, al verles tan afligidos. Pensé: "Dios mío, no quiero que mi madre sufra". Salí de este accidente completamente ilesa, sin un solo rasguño y con una nueva visión de la muerte. A partir de entonces, morir ya no representa ningún temor en mi vida y lo considero un "cambio en la frecuencia" o "un cambio de marchas".

Tras mi experiencia, comencé a leer muchos libros, a ver programas de televisión e inclusive a contactar con doctores que actualmente se encuentran haciendo investigaciones sobre el tema, ofreciéndoles mi historia a otros por si esta fuere de interés o ayuda.

Años más tarde, me mudé a Massachusetts donde me uní al "Boston Paranormal Investigators" tras contactarles a través de un *e-mail*. El BPI me ha introducido a un nuevo grupo de amigos con diversas profesiones y personalidades, pero con un interés común que lamentablemente a veces sentimos no podemos compartir con todo el mundo. Todos tenemos un denominador común, el aprender más acerca de lo paranormal.

Lamentablemente, en el día de hoy aún hay muchas personas que sienten vergüenza o temor de contar sus propias experiencias, por miedo a ser juzgadas o ridiculizadas. En mi cultura ocurre un efecto similar con las personas que acuden al psicólogo. Se las tacha de "locas" si acuden a terapia o toman algún tipo de medicación para trastornos depresivos.

Participo en investigaciones paranormales como un pasatiempo, de la misma forma que me gusta ver películas extranjeras o estudiar idiomas. En mi opinión personal, no existe la muerte como tal concepto, sino que lo que el humano experimenta es un "cambio" al entrar en otra "dimensión" o "nivel".

Pilar González-Caro, 37 años
Madrid, ESPAÑA

Pude ver lo que le pasaría a mi amigo meses después

La primera visión que tuve fue en 1988. Yo vivía en la ciudad de Nogales, México. Cierto día estaba platicando con un buen amigo mío de nombre Rafael. Cuando se iba, nos dimos la mano como una forma de despedida. Al yo estrechar su mano sentí de repente como una luz en mi mente, la cual hizo que yo cerrara los ojos y bajara la cabeza.

En el instante de ese parpadeo vi a mi amigo Rafael en un cuadro con la cara triste. Traía un bulto grande en las manos, usaba una camisa roja con rayas verdes y por encima de su hombro izquierdo estaba un logotipo de una dependencia policíaca. Fue tan solo un parpadeo. Cuando abrí los ojos él me notó turbado; sin soltarme la mano me preguntó qué me pasaba, sin todavía yo comprender bien qué fue lo que me pasó.

Impresionado le empecé a describir la imagen, poniéndole énfasis en el sello de la policía. Recuerdo que sin soltarle la mano y mirándolo a los ojos le pregunte:

—¿Vas a hacer algo ilegal? ¿Qué vas a hacer? ¿Tienes una camisa roja con rayas verdes?

Todo lo negaba al mismo tiempo que sonreía un poco contrariado. Después de eso le solté la mano y ya más calmado le dije a modo de despedida:

—Rafael, aquí nos separamos. No sé qué vas a hacer. Cuídate mucho. Busca esa camisa y tírala a la basura.

Me aseguró que no tenía ninguna camisa así y que no me preocupara, que él no iba a hacer nada ilegal, y me fui de su lado.

A los 15 días, cuando compré la prensa, en primera página ahí estaba una foto: era mi amigo Rafael, con la cara triste. Traía un bulto grande en las manos, usaba una camisa roja con rayas verdes y por encima de su hombro izquierdo el sello de la agencia antinarcóticos, igual que como yo lo había visto.

Estuvo preso dos años. Cuando salió de la cárcel fue a buscarme. Me dijo que ese día que nos vimos él no pensaba hacer nada ilegal y como no tenía ninguna camisa así, a los pocos días se le olvidó lo que le había dicho.

También me dijo que el día que lo arrestaron su novia le acababa de regalar esa camisa, y que el "bulto" no era suyo.

**Frank de Tierra Blanca, 40 años
Culiacán, Sinaloa, MÉXICO**

Las cosas se movían solas

Esto es algo que si alguien me lo contara yo jamás lo creería. Debimos vivirlo para creerlo y aún nos cuesta recordar y hablar del tema. Somos una familia católica. Mi padre es un hombre de una fe inquebrantable en Dios.

Mi madre se encontraba de viaje y estábamos en casa mi padre, mis dos hijos y yo. Charlábamos en la sala cuando mi hijo de once años fue a la habitación y gritó. Acudimos y sorprendidos vimos como toda la habitación había sido desorganizada: la ropa sacada de los cajones, las sábanas y almohadas en el piso... Todo era un caos; no podíamos entender. Solo recordarlo me hace temblar de pánico.

Por un momento pensé que eran mis hijos jugándonos una broma. Decidimos que ellos estarían con nosotros todo el tiempo sin despegarse. Estábamos sentados en la sala y nos tiraban las cosas de la nada: toallas, collares que aparecían encima de nosotros sin darnos cuenta, las cosas las cambiaban de sitio, los electrodomésticos los cambiaban de lugar, y estos eran aparatos que ni yo podría mover.

Todos los días arreglábamos la habitación y al momento todo era un caos de nuevo. Cierto día, cuando nos levantamos y los niños aún dormían, llegué a la cocina y casi me muero de terror al ver la lavadora abierta y un racimo de bananos puesto en la mitad del tubo de la misma. Me preguntaba, ¿¡Cómo podía tener estabilidad para mantenerse allí!?"

Llamamos a un pariente para que fuera testigo de lo que pasaba, pues creíamos que estábamos enloqueciendo, y él lo pudo constatar todo. Mi padre oraba todo el tiempo, y cuando eso pasaba más se enfurecía el espíritu.

Mi hijo de siete años podía verlo y decía que este lo llamaba para que fuera con él; que cuando nosotros orábamos, él veía este espíritu golpeándose contra la pared y maldiciendo.

A los cinco días de empezar estos fenómenos mi padre llamó a un grupo de oración cristiana y con la ayuda de ellos logramos que se fuera. Fue un proceso lento y difícil, y que tratamos de no recordar.

Emilse García, 29 años
Cali, COLOMBIA

Viví cosas antes de que ocurrieran

Neto y Barbie me rentaron su *depa* de La Condesa. Meses más tarde, llegué cargado de cosas, abrí y eché todo al piso. Me recosté en el sillón, fumando, exhausto. Bromeando, me dirigí en voz alta al estéreo:

—¡Préndete! —Inesperadamente, se encendió, tocando el CD.

Yo sin creerlo dije otra vez:

—Súbele —y se subió pausadamente el volumen.

Feliz de que mi voz hiciera lo que el control remoto que se encontraba lejos de mí, y con risa nerviosa de no entender qué pasaba, le dije:

—¡Apágate! —y se apagó.

Fue difícil de creer. Pasaron semanas e invité a Ana para relatarle la historia y cuando dije:

—¡Apágate! —se apagaron todas la luces del *depa*.

Ana, que estuvo cerca de la puerta, la abrió y vimos el pasillo iluminado y gritó cuando una fuerza cerró la puerta.

Me dijo:

—Ya no seas pesado.

Yo le dije:

—¡No soy yo! —y de pronto la luz se encendió.

Asustada, Ana decidió irse y solo dije en voz alta:

—*Power Man*, sé que te gusta estar aquí, mas yo vivo

aquí, así que el cuarto que no uso será tuyo, ¡y no se te ocurra asustarme!

Pasó tiempo y un día Ana regresó para averiguar algo más a través de sus dotes extrasensoriales. Llegó, entró, caminó al pasillo del baño y me dijo lo que la fuerza la hizo sentir: "Tengo 16 años y estoy buscando a mi papá. Él estaba aquí en el *depa*. Me gusta mucho la música y por eso con Dgaspé me divierto muchísimo, escuchando el estéreo". ¡La energía se fue!

Estuve un par de meses más y me mudé fuera del D.F. Años más tarde, visitaba a mi familia, cuando sonó el teléfono y era Barbie:

—Hola Dgaspé. Me enteré de que estás aquí. Te vuelvo a marcar, está entrando otra llamada.

Más tarde, Barbie de nuevo:

—Perdón, pero era Patrick, el hijo de Neto. Desde que murió Neto estoy en contacto con él, y hoy me contó que acaba de cumplir 16 años y heredó el *depa* en La Condesa. Se mudó y está contento componiendo música, se siente solo…

Me despedí y en ese momento entendí. Yo viví un suceso que ocurriría tres años después. Fue insólito e inexplicable.

Henri Domville, 38 años
Cozumel, Quintana Roo, MÉXICO

Una aparición en el jardín

Vivía con una tía muy querida y me encontraba reposando en el dormitorio. Mi tía y una amiga suya estaban en la otra habitación. De pronto me desperté, salí del cuarto y desde una pequeña terraza miré hacia el jardín. Allí había una gruta muy pequeña —que en Paraguay se acostumbra a poner donde se entierran los angelitos— y no sé por qué dirigí mi mirada hacia ese lugar. Vi allí, arrodillada, a una anciana. No me asombró ver a una extraña. Ella me miró y me preguntó qué hora era. Yo entré a preguntar a mi tía.

—Tía, ¿qué hora es?

—Son las dos. ¿Tenés que salir?

—No, es para decirle a la señora de abajo.

En ese momento mi tía se alarmó mucho y me ametralló con preguntas. Finalmente salió a la terracita para ver quién era la anciana. Al lado de la gruta ya no había nadie y mi tía y la amiga estaban atónitas. Ninguna de ellas había franqueado la puerta a la viejita, ni para salir y mucho menos para entrar. Toda la planta baja de la casa mantenía las puertas de los cuartos —que se utilizaban como depósitos— bien cerradas.

Nunca encontramos una explicación a tan extraña aparición. La casa estaba cerrada con solo nosotras tres adentro, al menos eso creímos hasta que ese hecho nos demostró que hay presencias invisibles alrededor de nosotros.

**Lita Pérez Cáceres, 68 años
Lambaré, Asunción, PARAGUAY**

Ryan, el muchacho de Varadero

La brisa agitaba mis cabellos, mientras admiraba a través de la ventana el paisaje matancero. El ómnibus de procedencia rusa se había estacionado frente al cine Varadero. El chofer alzó sus brazos en señal de haber culminado el viaje. Recogí mis cosas en medio del alboroto de otros pasajeros. Uno de los pasajeros me sonrió al tiempo que levantaba a una niña hasta su cuello. No conocía a ninguna de las personas que venían a bordo. Había emprendido el viaje sola para poder concentrarme en mi objetivo, escribir una novela.

Mientras bajaba los peldaños del vehículo, uno de los bolsos se atravesó entre mis piernas, haciéndome caer. ¡Qué vergüenza! Había caído con la cara en la arena. Muchas personas vinieron corriendo a socorrerme. Un chico me ayudó a incorporarme. Levantó mis cosas del suelo y sacudió la arena que tenía adherida.

—¿Te encuentras bien? —me preguntó preocupado a la vez que me quitaba los residuos arenosos de mi rostro.

—Sí… sí, gracias —dije algo avergonzada.

— ¿Vienes sola? —me preguntó mientras su cabeza giraba hacia los lados en busca de un posible acompañante.

—Sí, he decidido venir sola, pues pienso terminar una novela que estoy escribiendo.

—¡Ah! ¡Qué interesante! ¿Eres escritora?

—No, aún no. Estudio literatura en la universidad —respondí. Me recosté en su hombro para caminar.

—¡Ah! Es un trabajo de clases —me dijo tratando de acertar.

—Mi objetivo es mandar la novela a un concurso que vence en dos meses —expliqué—. ¿Viniste solo?

—Sí, o sea, vivo cerca, a medio kilómetro más o menos. Vengo a la playa, ejercito un poco… Compito con mis amigos casi todo el tiempo… El chico buscó un lugar apartado de la multitud para colocar mis cosas. Halló una raíz de un árbol para podernos sentar.

—Entonces… te gusta correr ¿eh? —inquirí.

—Justo cuando percibí tu gran caída —dijo mientras sonreía— me encontraba en una de mis carreras.

Cuando dijo la frase "Cuando percibí tu gran caída" sentí que mi rostro ardía de vergüenza.

—¿Sabes? No deberías avergonzarte por lo del aterrizaje forzoso. De no haber sido por eso no nos hubiéramos conocido. Ni siquiera tendrías ahora una compañía. Una sonrisa surgió de mis labios al escuchar esas palabras. De verdad que el chico era simpático y de mente sana. Mi intención no era tener compañía porque no podía escribir. Pero en realidad no quería que se fuera. El chico me divertía.

—Aún no me has dicho tu nombre, Agatha Christie —dijo estrechando mi mano—. Soy Ryan.

—Bueno, mi nombre es Verónica —correspondí.

—Verónica… lindo nombre. ¿De qué trata tu novelita? ¿Por qué te inspiras aquí en la playa?

—Te diré que toda la ficción ocurre en una isla desierta; por eso es que estando en un lugar similar, frente al mar, me transmite la atmósfera que demanda mi novela. Es muy vivificante. Debo irme a las cinco.

Ryan era tan simpático que me hizo olvidar el propósito por el cual estaba en Varadero. A cada rato me levantaba del asiento para bañarnos y jugar en el agua. Apenas podía escribir. El tiempo transcurría y cada vez que iba a nadar con Ryan decía para mis adentros "después de un breve chapuzón, escribiré", pero nunca lo lograba. Solo había escrito dos o tres oraciones si acaso. De verdad que nunca había disfrutado de mi estancia en una playa, desde que era apenas una niña.

—¡Vamos, las cinco! Se escuchaba a lo lejos al chofer del ómnibus que me había transportado hacia Varadero. Anunciaba la hora de partida acompañado por el sonido del claxon.

—Llegó la hora de irte, Verónica —dijo Ryan algo entristecido —me he divertido como nunca, de verdad.

—Regresaré el mes próximo, porque no he terminado la novela. El chico desenterró un lápiz de mi cabello, rasgó un pedazo de papel de mi libreta de notas y escribió su dirección para que lo visitara cuando volviera a Varadero. Me acompañó hasta la puerta de entrada del ómnibus, cargando todas mis pertenencias. Nos despedimos besándonos en las mejillas y con un sacudión de manos.

Al mes volví a comprar reservaciones para Varadero, pero esta vez iba con algunas de mis amigas. Dejé mis cosas al cuidado de ellas, para poder llegarme hasta la casa de Ryan. Deseaba que estuviera allí y no en la playa. La puerta tenía el número que reflejaba en lápiz el papelillo. No fue difícil encontrar el domicilio.

—¿Sí? ¿A quién desea? —Me recibió una señora de cabellos blancos en canas.

—Buenos días. ¿Se encuentra Ryan? —le pregunté.

—¿Eres amiga de la escuela? —me preguntó la señora.

—Soy amiga suya, pero no de la escuela. La señora me invitó a pasar y me ofreció asiento.

—Hace tiempo que no lo ves ¿eh?

—Un mes más o menos, sí.

La anciana tomó entre sus manos un portarretrato que estaba encima de la mesita del café. Acarició suavemente la fotografía que llevaba y se le humedecieron los ojos.

—Mi nieto… Ryan. Se encontraba compitiendo en el mar con sus amiguitos, cuando una de sus piernas se le acalambró. Estaban tan sumergidos en lo profundo que pensaron que Ryan iba a aparecer en cualquier momento a asustarles, como siempre, bromeando, pero no. Apareció una hora más tarde en la orilla, completamente muerto.

Una lágrima saltó a una de las mejillas de la señora. Yo, petrificada por el impacto me puse las manos en la cara.

—¿Cómo en un mes se había muerto un chico tan joven y tan genial?

—Hace dos años —continuó la abuela. Todavía lloramos su muerte.

Solo al escuchar eso, pude comprender lo que realmente había sucedido.

**Daya, 22 años
Centro Habana, CUBA**

El personaje del espejo

Mi esposo y yo fuimos a San Luis Potosí, una ciudad bella, colonial, tradicional y llena de atractivos turísticos. Nos dirigimos al centro y nos instalamos en un típico hotel del pueblo. Encontramos un lugar a la vuelta de nuestro hotel donde ofrecían comida casera. El lugar era muy oscuro pero interesante. Tenía el aspecto de haber sido una tienda de abarrotes por la estantería antigua y el mostrador que estaban instalados en el cuarto. El sitio se sentía muy frío y denso.

Al dirigirme a curiosear más adentro, sentí que me tocaron la columna y mi piel se puso de gallina. Le pregunté a la joven a qué destinaban esa área. Ella me dijo que por las noches se abría como bar.

—¿Alguna vez te han asustado? —le pregunté casi segura de la respuesta.

—Sí, pero adentro, en la casa. Vi a un hombre, era un español. Puede preguntarle a mi papá, él le contará todo...

—¡Qué bien! Ahora que termine de comer, le pediré una entrevista. Y tú, si gustas, luego me cuentas bien lo que te ocurrió. Voy a ir por mi grabadora al hotel.

Le avisé a mi esposo que ya tenía una historia segura y que debía ir por mi grabadora. Él sonrió y movió la cabeza por lo rápido que había conseguido a una persona con un relato.

Regresé al restaurante, y en cuanto terminé de comer me acerqué a Don Carlos para solicitarle una entrevista. Enseguida aceptó y como ya no había clientes iniciamos nuestra charla.

Don Carlos es un hombre maduro quien tiene 35 años viviendo en Real del Catorce y ha tenido varias vivencias extrañas:

—Lo primero que recuerdo que me ha sucedido, ha sido en esta casa. Vi a un español atravesar el zaguán de mi casa. Era muy alto, cara afilada. Se apareció con una capa negra muy grande y ancha, con el cuello fruncido. Traía puesto un sombrero ancho con una pluma grande. No se le veían los pies.

—¿Lo ha visto toda la familia?

—No, solo mi hija y yo.

—¿Lo ven con frecuencia?

—Antes sí, lo veíamos una vez por semana. Ya no lo hemos visto desde hace unos seis años.

—¿Les habla, les comunica algo?

—No, porque la mera verdad es que cuando ha aparecido nos ha tomado desprevenidos. Por lo general se ha dejado ver como a las seis de la tarde. Solo una vez apareció a las once de la noche. De repente se le ve pasar rapidito por el patio.

—¿Este ser que usted ve, es transparente?

—¡No! Es como cualquier persona, así como la veo a usted. Lo único que no se le ven son los pies. Puede quedar flotando.

—¿Alguna vez lo ha tocado a usted?

—No. Mire, resulta que un compañero al que le platiqué del fantasma, me aconsejó que cuando lo viera, le mentara la madre para que se fuera. Yo estaba decidido a hacerlo y resulta que me lo topé de frente y ni me acordé de nada. Ni oportunidad de hacerlo, del susto que me dio.

—¿Desde niño usted veía estas cosas?

—No, aquí me ocurrió por primera vez.

—¿Y su hija cómo fue que vio al español?

—Ella vio claramente como el personaje salía de un espejo, cruzaba el patio, se metía al comedor y de nuevo regresaba al espejo donde se perdía.

—¿Y qué hizo?

—Llorar. Estaba chiquita. Tenía como unos cinco años.

—¿Cuántas veces lo vio?

—Unas cuatro o cinco veces.

—¿Cuándo fue la última vez?

—Hace unos siete años. También veía a una anciana y se asustó tanto que se soltó llorando. La vio con un vestido largo, un delantal blanco y peinada con un chonguito. De la misma manera que yo la vi.

—¿Algo más que hayan visto, o les haya ocurrido?

—Sí. En esta casa también hemos visto una ancianita, en una de las recámaras. Es una persona de entre 70 y 80 años. Es chiquita, delgadita. La hemos visto en el cuarto mirando por la ventana hacia el patio.

—¿Tampoco se comunica con ustedes?

—No.

—¿Alguna vez han traído alguien sensible para que les explique estos fenómenos o estas apariciones?

—No, nunca lo hemos hecho. No nos interesa. Aparte hace como un año que no la hemos visto.

—¿En el bar han visto algo? Porque cuando entre ahí me tocaron...

—No, pero hay otros lugares que dan miedo. Como en las cabañas de abajo en el pueblito de La Luz, antes de la entrada al túnel de Ogarrio. Ahí vemos cosas raras. La semana pasada estuvo uno de mis hijos con un grupo de compañeros. Hicieron una lunada y cuando ya se fueron a la habitación para dormir, escucharon voces en una recámara en donde no había nadie.

En esas cabañas se escucha que le jalan al baño y no hay nadie. Se han visto duendes. Se deja ver un minerito, chiquito. El velador ya me lo había reportado. Yo no lo había tomado muy en serio, hasta que uno de mis hijos lo vio, en el lugar donde lo había visto el velador. Los dos dicen que es muy pequeño y feo.

—¿Aquí no le mueven las cosas del lugar?

—Sí. Hace unos seis meses íbamos a tener un banquete. Estábamos contando todos los cubiertos y en un parpadear de ojos desaparecieron todos los tenedores y luego aparecieron hace apenas una semana en un lugar donde nunca los colocamos. Muchísimas cosas suceden en las cabañas, pero ya no les pongo atención porque de todos modos tengo que trabajar ahí…

Algunas veces las cosas suceden en momentos inesperados y uno no alcanza a reaccionar. Como la primera vez que vi al español, recuerdo que estaba en la cocina. Mi esposa estaba haciendo un pastel. Llegó una amiga de ella y se pusieron a platicar. Yo me puse a vigilar que no se quemara el pastel. Como usted vio, desde la cocina se ve el patio. Ese día aunque estaba pendiente del pastel, de pronto, de reojo, vi pasar al español. Creí que alguien se había metido a la casa por el portón del otro lado. Me asomé pero no encontré a nadie y además todas las puertas estaban cerradas.

El relato de Don Carlos fue un capítulo más de mi vida, así transcurre esta a diario entre fantasmas, puertas dimensionales, duendes, brujería, astrología y sanadores. Y mientras más busco más me convenzo de que todos compartimos un mismo espacio y de que los universos paralelos están del otro lado del umbral.

Victoria Avalon, 49 años
Guadalajara, Jalisco, MÉXICO

El fantasma bebé que se comunica conmigo

Una vez fui a la parte antigua de un cementerio con mi abuela. Ella me señaló una tumba de un bebé y sin saber por qué a él le prometí que le traería flores. Luego soñé que estaba en el cementerio y llevaba las flores del niño. Cuando estaba mirando su tumba me di la vuelta y había un niño detrás de mí con pelo negro como la noche. Tenía piel blanquita y era muy redondo de cara. Era guapísimo y me sonreía. Se acercó y me cogió de las manos y me dijo algo que ya no me acuerdo.

Desde entonces no paran de pasarme cosas como soñar que tengo un niño en el hospital y que crece y luego me doy cuenta de que es el bebé del cementerio. He tenido novios y es como si él los eligiera. Coge mi muñeca y le quita el calzado y cuando entro me encuentro a la muñeca destapada y con el zapato al otro lado.

Fui a averiguar el nombre de ese niño y resultó que en el cementerio no aparecía nada de él. Me dijeron que fuera al ayuntamiento a ver los libros históricos y fui un día pero averigüé que no tenía nombre ni registro porque era un feto varón.

Este niño me hace entender que él quiere volver a nacer o reencarnarse. Ya sé que parece raro y extraño y al principio estaba asustada pero después me di cuenta de lo que él quería. Desde entonces siento que está a mi lado y no paro de soñar con él, que lo tengo en el hospital, que él me dice, "Mamá" y cosas por el estilo. También una noche escuché mi nombre, una voz fina de crío diciendo "María".

Por esta experiencia me interesa saber cosas sobre la reencarnación. Actualmente estoy con un chico y soñé que el niño me decía que él será su papá. No sé qué pensar pero por lo menos ya no estoy asustada. Me di cuenta de que ese niño solo quiere comunicarse conmigo. Lo dejo en manos de Dios.

**María del Carmen Gómez Moya, 21 años
Almería, Almería, ESPAÑA**

Veo en mis sueños
lo que pasará después

En el 1984, mientras dormía, durante una noche de mucha lluvia, tuve un sueño que puedo recordar con detalles precisos. Estaba viviendo yo con mis abuelos para ese tiempo. A eso de las 4:00 a. m. estaba soñando con algo parecido a una visión. Yo estaba viendo, en sueños, un coliseo en Puerto Rico donde vivo actualmente. Traían cadáveres en bolsas negras de basura y los colocaban en filas, cientos y cientos de cadáveres porque había colapsado una de las montañas en un área de la isla de Puerto Rico.

Estuve toda la madrugada en este sueño hasta despertar a las 8:20 a. m. Cuando me levanté mi abuelo estaba viendo las noticias de la mañana. Para mi sorpresa y espanto estaban narrando lo que había acontecido en mi sueño: En la madruga de ese día a las 5:00 a. m. había ocurrido un derrumbe insólito que prácticamente enterró las casas de un barrio de Ponce, llamado Mameyes.

Por el mal tiempo y las fuertes lluvias durante la noche, quedaron familias completas atrapadas y enterradas en el lodo. Los cadáveres los estaban sacando y colocándolos en bolsas de basura negras.

Yo quedé tan impactada que no podía hablar ni creer que yo lo había soñado y que lo pude ver en una visión mientras dormía.

Fue tal el impacto que estuve tres noches sin poder dormir por temor a que lo que soñara se convirtiera en realidad. Yo pensaba que estaba teniendo revelaciones de lo que les ocurriría a otras personas en el futuro, en este caso tragedias, y me paralizó el miedo.

Esta no ha sido la única experiencia premonitoria; he tenido otras, como por ejemplo, ver el arresto de un familiar sorpresivamente tres días antes de producirse este. Yo pude ver en sueños dicho arresto.

Grace Enid, 42 años
Bayamón, PUERTO RICO

La Muerte, con su guadaña, no me dejaba pasar

El sueño que voy a relatar me lo contó mi madre q. e. p. d. y me impactó sobremanera, al extremo que no olvido ni un solo detalle.

Fue en los inicios del año 1952 cuando a mi madre le encomendaron hacerse cargo como maestra de una escuelita en las afueras de Jalapa, Guatemala ya que la maestra titular se ausentaría por una temporada.

Según contaba mi madre, soñó que una mañanita iba rumbo a la escuelita pero que para llegar a ella tenía que pasar por un puente que aún existe en la carretera que de Jalapa va a San Pedro Pínula. Al llegar al puente ella se sorprendió al ver que nadie podía pasar por él, ya que al otro lado y sobre una piedra muy grande (que aún existe) estaba sentada LA MUER-TE y tenía su "guadaña" sobre el camino impidiendo así el paso a todas las personas que necesitaban cruzarlo para seguir su camino.

Mi madre se puso a observar lo que acontecía y armándose de valor les pidió a las personas que le permitieran pasar para pararse adelante de todos y así lo hizo. Ya estando al frente le habló a esa figura tenebrosa y le dijo que solo Dios podría impedir que ella llegara a la escuelita a impartir clases ya que los niños la esperaban y, decía mi madre, que acto seguido LA MUERTE dirigió su "mirada hacia ella".

Fue entonces cuando mi madre le pidió a todos los que esperaban para pasar, que rezaran con ella el Salmo XXIII y todos lo empezaron a hacer. Momentos después LA MUERTE empezó a levantar su "guadaña" y mi madre les dijo: "Síganme", y todos empezaron a caminar y lograron por fin cruzar el Puente Pínula.

Por sus características tan particulares y por la manera como mi madre lo narraba, a través de mi vida siempre he recordado este acontecimiento y siempre me he preguntado cuál fue el verdadero mensaje de aquel sueño tan especial.

Renardo Lorenzana, 62 años
Lawrence, MA, EE. UU.

¿Seré yo
mi bisabuela turca?

Mi familia materna es de origen árabe y somos una familia bastante grande. Mi abuela era casi la única de los árabes que conocí y que quedaban, los demás habían muerto. Siempre tuve y tengo un amor muy especial por la cultura árabe, por su baile, su comida, etcétera.

Mi abuela me decía que yo me parecía mucho a mi bisabuela y allí empecé a interesarme por saber más de ella. Los que la conocieron me dicen que nos parecemos mucho en el color de la piel, en los gestos, etcétera. Yo siento un lazo especial con mi familia. Es como si ya los hubiera visto antes.

Pero hay algo que verdaderamente no me gusta y es que siempre que tengo contacto cercano con las costumbres de mis antepasados, como hacer una comida o escuchar una canción, siento que no debería estar aquí sino en el Líbano, que aquella es mi tierra y no esta. Es como si me transportaran por un segundo, como si viviera mi vida pero no en esta tierra.

Hace como cuatro meses bajé por Internet una canción y al escucharla ocurrió lo más extraño que me haya pasado en la vida. Sentí que por un momento me quedé en la silla y me fui a un lugar donde había mucha arena. Me vi como era: de estatura baja, con un velo que me cubría toda, mi color era como canela y estaba en una calle.

Entonces algo me dijo: "Estás en tierra ajena. Tú no eres de allá…". Fue algo muy extraño e incómodo. ¿Será que reencarné, que soy esa turca y que en verdad no debería de estar aquí, sino en mi tierra? ¿O es que pueden haber tantas similitudes entre mi bisabuela, a quien nunca conocí ni en fotos, y yo?

Seguiré buscando mi pasado…

Oded, 19 años
Caracas, VENEZUELA

Estoy segura de que visité ese lugar en otra vida

Creo en la reencarnación debido a diversas experiencias que he tenido a lo largo de mi vida. La más precisa empezó a la edad de doce años, con sueños en los que me veía con ropa antigua y en lugares extraños. Me despertaba a media noche con ansiedad pero mi familia creía que era parte del crecimiento y del comportamiento de los adolescentes.

Recuerdo que en alguna ocasión me quedó en la mente la imagen de un castillo ubicado en lo alto de una montaña rodeada de agua. Unos años más tarde, haciendo una investigación escolar encontré en un libro la imagen de un lugar así y fue cuando descubrí que era real, que ese lugar existía. Se llama "Le Mont Saint-Michel" y se localiza en el norte de Francia, en Normandía.

Hace algunos años empecé a trabajar en una agencia de publicidad y el ejecutivo que me reclutó me parecía conocido, pero no se lo dije. El reclutador, una supervisora y la chica de investigación eran coincidentemente muy parecidos a las personas con quienes muchos años antes había soñado. Los recordaba perfectamente debido a que el sueño me impactó mucho y lo describí todo en mi diario de entonces.

Me propuse que algún día conocería ese sitio y así reuní el dinero y a finales del invierno pasado fui a visitar Le Mont Saint-Michel. Fue toda una experiencia subir por la callecita estrecha y reconocer el camino y todo lo que veía. Era como si ya supiera muchas cosas de ese lugar.

Cuando estuve dentro de la Abadía, me embargó una sensación ambivalente de tristeza y alegría y me dieron ganas de llorar al comprobar que la piedra de las paredes era tal como la había soñado. El aire frío, las nubes grises… para mí era como reencontrarme con una parte de mí que había olvidado.

Aunque estoy convencida de que la reencarnación existe, no sé quién fui ni tampoco sé si saberlo me ayudaría en algo. Entiendo que debo vivir mi momento, vivir en el presente, porque lo realmente importante es saber quién soy ahora. Debo estar satisfecha con eso y actuar en consecuencia.

Liliana, 34 años
México, D.F., MÉXICO

Mi encuentro con la Virgen María

No he tenido una experiencia con los ángeles. Lo que tuve fue algo más maravilloso: un encuentro con la Virgen María, en cuerpo y alma.

Como yo me encontraba en el éxtasis de la adolescencia, entraba a la Internet a menudo para encontrarme con chicas. Puesto que me dejé llevar por el placer, una chica me dijo por *chat* que quería conocerme. Vivía muy lejos y yo charlé con ella por Internet por una semana. Me ilusioné mucho, pero ella fue una ingrata.

Al fin fui a donde ella vivía, era una zona residencial. Ella me dijo que nos encontraríamos en la esquina de un hospital, pues yo le creí y allí fui. La esperé horas pero nunca apareció. Estaba triste y desilusionado y decidí irme, pero no encontraba el dinero que había puesto en mi bolsillo. Mi pasaje de regreso se había caído por el agujero de mi pantalón. No supe qué hacer. Estaba aturdido y pasaron 5 horas más.

Ya para ese entonces eran las 12 de la noche. No había almorzado, ni cenado y estaba triste por lo que había hecho. Pensaba en mi madre, en si estaría preocupada, porque me había ido sin pedirle permiso.

Allí estaba yo sentado en la calle, desamparado y llorando como un niño, cuando de la nada apareció una mujer, como de 40 años. Me miró con mucha ternura y me dijo:

—Levántate. ¿Por qué lloras? ¿Qué ha pasado?

Yo la veía con extrañeza, pero ella me extendió sus manos, me levantó del suelo y subió conmigo a una *combi*. Ahí le conté todo lo que me pasaba y ella se quedó a mi lado, aconsejándome.

Luego yo me dormí y, cuando me levanté, ella había desaparecido. No puedo describir su físico, pero sé que se me presentó la Virgen María.

Joel Llacctas, 18 años
Comas, Lima, PERÚ

Edna, mi cirujana, es un ángel enviado por Dios

La experiencia más positiva que he vivido durante el proceso de lucha contra el cáncer fue saber desde el primer instante que Dios nunca abandona a sus criaturas.

El 5 de septiembre de 2007 fue el día que me confirmaron que tenía cáncer. Recuerdo que esa misma noche, en mis sueños, tuve revelaciones con las siguientes personas: mi hermana, una amiga, el pastor de mi iglesia, el copastor y una mujer desconocida llamada Edna.

En las revelaciones, cada una de estas personas me ofrecía apoyo y las sentía muy ligadas a mí. Sin embargo, la mujer llamada Edna aparecía constantemente en las revelaciones manifestándose siempre como una persona protectora.

Tan pronto comencé el difícil proceso de luchar para sacar de mi cuerpo esta terrible enfermedad, cada una de esas personas fueron para mí como ángeles enviados que me ofrecieron su incondicional apoyo, de la misma forma en que lo habían hecho en las revelaciones.

Pero entre esas persona que me ayudaban faltaba una, la mujer llamada Edna. Cuando ya todo estaba listo para la operación, inesperadamente surgió un inconveniente. Tuvieron que suspender la cirugía porque el hospital no aceptaba mi seguro médico y tuve que recomenzar la búsqueda de un médico que me operara lo más pronto posible.

La promesa de salvación llegó por medio de una desconocida que me ayudó a conseguir una cita con una eminente cirujana oncóloga que ya no estaba aceptando pacientes nuevos. En la primera visita conocí en ella a una persona amorosa y con una gran calidad humana.

Pero grande fue mi sorpresa al darme cuenta de que esa cirujana era la persona que faltaba, el ángel que llegó de la mano de Dios para salvar mi vida y que milagrosamente se llamaba Edna.

Lorell, 45 años
Arecibo, PUERTO RICO

Fue maltratado y violado, pero siempre creyó en Dios

Es maravilloso el milagro de conocer a alguien que, a pesar de haber vivido las más horrendas pesadillas en su vida, se ha levantado siendo un siervo servidor de la obra del Señor, encontrando que su vida no es un accidente sino un propósito de Dios.

Conocí a Joshua en un concierto evangélico. Cuando nos vimos por primera vez supimos que había un plan para nosotros. Conectamos enseguida y al pasar de los días compartimos la historia de su vida.

Cuarenta y dos años atrás su madre tuvo que decidir entre su vida o su muerte. Ella optó por lo más difícil, traerlo al mundo, aunque al nacer solo lo pudo contemplar por breves minutos antes de darlo en adopción.

A un hogar cristiano fue a dar el pequeño Joshua. A muy temprana edad comenzaron los maltratos sin razón, las golpizas sin motivos, los encierros en la oscuridad, noches enteras durmiendo en el piso, un hambre atroz atormentando su pequeña existencia, comiendo desechos del basurero. Su pequeño cerebro no podía asimilar la razón de aquellos maltratos.

El domingo era su día favorito. Sentía una inmensa felicidad al asistir a la escuela dominical y pasaba los días contando las horas para que este glorioso día llegara. Amaba con frenesí la paleta que el maestro regalaba a los niños que hicieran mejor la lección. Su esfuerzo era extremado para ser el mejor y obtener el preciado trofeo.

Los años pasaron… A sus seis años ocurrió un acontecimiento atroz: Uno de los hijos de su hermano, aprovechando la soledad, lo atacó brutalmente y lo violó una y otra vez sin piedad. El pequeño estaba aterrado y no se atrevía a decir nada. Su miedo era cada vez mayor. Los años seguían pasando… Aun en su adolescencia no entendía el motivo de tanta maldad, pero paralelo a esto seguía estudiando la palabra de Dios.

Él tenía fe en las promesas del Creador y él sabía que había un propósito en todo esto. Sabía que había un Dios que lo amaba, que cuidaba de él y que tenía un plan, un plan que muchas veces él no entendía. Le preguntaba a su madre adoptiva: "¿Por qué no me quieres? ¿Qué te he hecho para que no me ames?". No había respuesta, hasta que un día, presa de la ira, le restregó en su cara que era un niño abandonado puesto en adopción. Desde ese instante creció en su corazón el ferviente deseo de encontrar a su madre verdadera. No sabía por dónde empezar. Era como buscar una aguja en un pajar.

Mientras tanto, al cumplir sus 21 años y cansado de tanto maltrato, decidió irse de la casa de su madre y comenzar solo. Dos trabajos, un lugar donde dormir y un gran amor por la obra de Dios. La fe puesta en las promesas lo hacían levantarse cada día lleno de esperanza. Aun con los ojos llenos de lágrimas y el corazón lleno de dolor, seguía esperando confiado con una fe firme.

Un día al salir de su trabajo se dirigió presuroso a la estación del tren. Al tratar de entrar resbaló y cayó con un gran impacto. Su cabeza dio contra el pavimento y se abrió. Comenzó a desangrarse y despertó en un hospital rodeado de aparatos. Trató de incorporarse, pero no pudo. Sentía retumbar su cabeza. Entonces le preguntó a Dios qué estaba pasando. Comenzó a cuestionarlo, pero no encontró respuesta.

Al cabo de algunos días estaba un poco más fuerte. Le informaron de la necesidad de hacerle una operación en su cabeza, debido a las consecuencias del accidente. Cuando todo empezaba a mejorar, pasaba esto. Era una situación para perder la fe. Pero había en su corazón una llama que se encendió y no se apagaría jamás, la certeza de que su vida tenía un propósito, de que estaba en esta tierra por alguna razón. Sintió que todo daba vueltas, todo se puso oscuro y cayó al suelo inconsciente.

El sonido del medidor de la presión lo despertó. Al mirar a su derredor vio los rostros sorprendidos de doctores y enfermeras. Uno de ellos caminaba de un lado a otro chequeando los aparatos, como buscando algún defecto en ellos, miró al otro doctor y exclamó: "¡Todo está bien, esto es un milagro! Joshua, ¡eres un milagro de Dios! Has despertado después de cinco días en coma. ¡Nosotros estábamos a punto de desconectar todos los aparatos que te mantenían vivo! ¡Eres un milagro de Dios!".

Joshua lloró en silencio, una sensación de paz inundó su alma y descansó. Su vista aún no estaba en buenas condiciones y pensó por un momento que se quedaría ciego para el resto de su vida.

Una mañana al abrir sus ojos vio claramente una gran pantalla de televisión. Miró una y otra vez y comenzaron a aparecer estas palabras: "Clama a Mí y Yo te responderé y te haré ver cosas grandes que tú no conoces" (Jeremías 33:3). En este momento entendió Joshua el propósito para el cual estaba en este mundo y el plan de Dios se reveló a sus ojos.

Al salir del hospital, volvió a congregarse y comenzó a llevar el mensaje por todas partes. Así nació el hermoso ministerio que es Jeremías 33:3, de Nueva York, que lleva el mensaje y la palabra de Dios a través de ministros y cantares por todo el mundo.

Siempre hay un propósito en todo, no importa cuán negra se vea la situación, no importa cuán incomprensible sean los acontecimientos y cuán dolorosas la experiencias. Siempre hay un motivo para levantarse. Es entonces cuando confías a ciegas en esas promesas de salvación, cuando se abre el horizonte y ves el camino abierto hacia la plenitud y hacia la certeza de que todas las cosas suceden con un propósito.

No hay obstáculos infranqueables ni barreras que no se caigan si tu fe está puesta en Él, que es el Poderoso, el Creador de todas las cosas.

Carmen Tejada, 38 años
Pocono Summit, PA, EE. UU.

El ángel de blanco en el hospital

A mi hermano le diagnosticaron bradicardia (su ritmo cardíaco era más lento que el normal) y fue hospitalizado. Yo me quedé a cuidarlo una noche. Eran tres enfermos en la habitación (los otros padecían del estómago y el corazón). Al paciente del corazón lo operarían, y este señor tenía como religión el cristianismo. Yo soy católica, así que no conocía las alabanzas cristianas.

Esa noche fue visitado por sus pastores e hicieron una oración pidiendo por su salud. Al escucharlos oré con ellos con toda la fe que tenía, pidiendo por la salud de mi hermano para no ver llorar a mi madre. Mientras oraban, mi hermano despertó alarmado. Yo lo tranquilicé y le dije que durmiera de nuevo. Al retirarse los pastores, corrí a pedirles que oraran también por mi hermano en su iglesia y ellos respondieron que lo harían. Me dieron aceite para ungir a mi hermano y lo hice.

Al despertar mi hermano por la mañana me preguntó por el doctor que había ido a inyectarlo, ya que a él debían inyectarlo a ciertas horas para tener un ritmo cardíaco estable.

Le contesté que desde la noche anterior ningún doctor ni enfermero había ido a verlo, a lo que él respondió que cuando se había tratado de despertar vio al doctor y que este lo había inyectado.

Mi hermano describió al doctor: alto, delgado, de piel blanca, cabello castaño y con barba corta y ropa blanca. Los otros pacientes también mejoraron a partir de esa noche.

Yo solo di gracias a Dios porque esa noche mi hermano se recuperó rápidamente y no requirió más medicamento. Aunque yo no vi al ángel, creo firmemente hasta el día de hoy, que uno debió estar ahí para ayudar a los tres enfermos.

Araceli Chávez, 32 años
Durango, Durango, MÉXICO

Un momento inolvidable que marcó mi vida

Una experiencia muy especial que tuve a los 16 años marcó mi vida. Mi familia y yo acabábamos de mudarnos a una nueva casa, y eso significaba para mí un cambio total de escuela, amigos y vecinos.

Mi padre era pastor y ambos padres eran misioneros. Por lo tanto, viajar y mudarnos de país era algo ya común para mí y mis hermanos. Sin embargo, cada vez que pasaba, dejaba cosas importantes atrás, como mis amigos y recuerdos. Tenía mucha tristeza en mi corazón y mi vida siempre fue muy complicada por cuestiones de la iglesia que mis padres dirigían.

Entré a mi cuarto ese día, llorando amargamente. Nada me había salido bien, mi padre era un hombre legalista que jamás escuchaba nuestras opiniones y estaba cansada de un día agotador en la escuela. Mi mamá me informó que me esperaba una paliza por no haber ordenado mi cuarto. A los pocos minutos, entró y cumplió con su amenaza.

Tenía un fuerte dolor de cabeza, no había comido en todo el día y lloraba desconsoladamente. En realidad mi cuarto estaba desordenado. Lo vi por unos minutos y me sentí más triste todavía. Escuché a mi madre irse de la casa, quedándome sola. Mi cuarto era pequeño y la cama de madera era muy alta.

De pronto, se oscureció mi vista. Sentí un mareo terrible y sentí como mi cuerpo iba cayendo al suelo y mi frente pegaría en la madera frontal de mi cama. Dentro de mí sabía que algo me había pasado, pero no entendía.

De repente, estaba mirando al cielo y a un hombre altísimo, vestido de blanco. Su cara resplandecía y su cabello era tan brillante que perturbaba mi mirada. Él me dijo: "Yo siempre he estado contigo. Tú no estás sola". Sentí que me tomó en sus brazos y me levantó.

No sé cuánto tiempo pasó, pero al despertarme estaba acostada en mi cama, sin ningún dolor en mi cuerpo, con una paz tan grande en mi corazón y un sentimiento que no podría explicar con palabras. Nunca se lo he contado a nadie, puesto que siento que nadie lo creería. Lo guardé en mi corazón como un momento inolvidable para mí.

**Flor González, 33 años
Veracruz, Veracruz, MÉXICO**

Me salvó de una vida en la calle

Un verano gané 5000 dólares en una rifa. Después de una noche de bebida y juerga, me fui a las torres del World Trade Center en Nueva York para reclamar el premio, al cuarto piso para ser exacto.

Nunca olvidaré al judío que, gracias a Dios, me entregó el premio pues, según las reglas de esta rifa, mi condición de ilegal me impedía recibir el premio. No tenía ni un penique en mis bolsillos y tenía que entregar el apartamento donde vivía en Flushing, Queens, porque no me alcanzaba para pagarlo.

El judío era joven y delgado, con una pequeña gorrita azul en su dorada cabeza y lentes enormes que me auscultaban de pies a cabeza. Simplemente me dijo: "Firma acá en este documento y toma el cheque por los cinco mil".

Ahora me pongo a pensar en qué habrá sido de él el 11 de septiembre de 2001. ¿Habrá muerto allí mismo con las torres? ¿Habrá podido escaparse? Si se murió es muy lamentable, porque fue una gran persona que me hizo un inmenso favor, después de haber atravesado tantas puertas para reclamar mi premio.

La bondad de este señor evitó que yo tuviera que irme a dormir debajo de uno de los puentes de Brooklyn, o por ahí bien cerca de mis otros amigos que vivían en la calle, esperando de la caridad pública para poder sobrevivir en la Gran Manzana.

José Andariego, 55 años
Medellín, Antioquia, COLOMBIA

El misterioso guardián que salvó a mi hija

En aquel atardecer regresé a mi casa. Mis pequeños hijos jugaban en el patio y al verme corrieron a darme la bienvenida. Los abracé y los llené de besos. Me fui a lavar las manos y entré a la cocina. Mi esposa me servía la comida cuando de repente se escuchó un gran ruido acompañado de un grito que nos hizo brincar a ambos.

Salí corriendo... Mi respiración se detuvo por un momento al ver en el piso a mi hija de tres años desmayada. La levanté y sentí que mis piernas se me doblaban. En ese momento quedé anonadado sin saber qué hacer.

Mi primera reacción fue salir a la calle. A mis espaldas alcancé a escuchar a mi esposa junto con mi suegra gritando desesperadamente: —¡¡Qué pasó!?

Los niños decían: —¡Se cayó Nancy de la azotea!

Sin más salí a la calle a buscar un taxi. Al llegar a la esquina se acercó un vehículo negro muy lujoso. El conductor me abrió la puerta me subí. Solo me dijo: —No se preocupe, su hija estará bien. No deje que se duerma.

Yo trataba de reanimar a mi hija quien me decía: —Tengo sueño papá.

Yo lo que le decía: —No hijita, no te duermas.

Mientras mis lágrimas escurrían, me di cuenta de que ya estábamos en urgencias de un hospital. Nuevamente aquella persona me abrió la puerta y me volvió a repetir: —Su hija estará bien.

Le dije: —Sí, muchas gracias —y arrancó y se fue.

Cuando entré ya me esperaba un médico con los brazos abiertos. Le dije: —Se cayó, Doctor.

Sin dejarme terminar me respondió: —Ya lo sé, no se preocupe. Su hija estará bien.

Llegó mi esposa y me abrazó. Pasaron varias horas. Salió el médico y nos dijo: —Se le hicieron varios estudios a la niña y está muy bien.

Le dije: —Muchas gracias, Doctor —y le comenté a mi esposa—: ¿Sabes? La voz del doctor es idéntica a la de la persona que nos trajo.

Le pregunté a la señorita: —¿Cuál es el nombre del doctor que atendió a mi hija?

Ella contestó: —No lo sé, nunca lo había visto. Creo que es nuevo. Déjeme preguntar.

Preguntó pero nadie sabía su nombre. Recogimos los medicamentos y llegamos a la casa. De repente le dije a mi esposa: —Su nombre debe estar en la receta.

Apresurado, saqué la receta pero el espacio en donde va el nombre y la firma del médico estaba en blanco.

José Luis Vilchis García, 40 años
Toluca, Estado de México, MÉXICO

Mitad humano, mitad divino

Nací con parálisis facial por un error médico. Aún estando en el vientre de mi madre tragué anestesia. Todos pensaban que nacería muerta ya que era casi imposible que viviera, pero aquí estoy.

Mi vida después de eso fue súper difícil. A veces las personas pueden ser crueles con lo que es diferente, y yo lo comprobé muy bien a través de las burlas que recibía a diario, o las miradas que me daban por la calle. Mis compañeros de escuela no jugaban conmigo. Era terrible el trato que me daban.

Al crecer casi nada cambió. Yo ya me acostumbré a estar sola y ya casi no me duelen las miradas de los demás hacia mí... Casi.

Siempre pensé que Dios me había dado una cruz muy pesada y más de una vez me caí y casi no me pude levantar. Es más, creo que ya casi vivía arrastrándome, a causa de la tristeza y soledad que sentía.

En la escuela me iba muy bien. Tenía muy buenas calificaciones y eso me animaba a seguir. Al terminar la secundaria seguí estudiando, pero luego de un año de estar en la universidad mi papá murió y la economía en mi casa cambió.

Dejé mis estudios y sin querer me empecé a encerrar en mí misma. Ya casi no salía y estaba deprimida.

Salí con algunos chicos pero ninguno quería nada serio

conmigo, hasta que conocí a Wal. Él me enseñó que la vida vale la pena. Llenó mis días de luz y me regaló su hermosa amistad. Me mostró que soy más que un rostro con una pequeña imperfección. Él vio mi interior y se enamoró de lo que tengo dentro y aunque suene raro también de lo que soy por fuera. Me dijo que el amor cura y que todas las heridas que yo tenía iban a cerrar. Con él aprendí que la vida vale la pena. Me enseñó a soñar pero también a cumplir los sueños.

Siempre le voy a estar agradecida. Aún no sé cómo calificar su aparición en mi vida. Creo que él es mitad humano, mitad divino. Yo le digo que es mi angelito.

Flay, 29 años
Corrientes, ARGENTINA

La libreta negra

El hermano de mi esposo falleció bruscamente de un infarto masivo a la edad de 46 años, cuando rebosaba en salud y sin previo aviso. Dejó a su esposa y dos hijos de 13 y 16 años, los cuales no llegaban a comprender lo sucedido. El dolor y soledad los fue invadiendo; debían superarlo lentamente.

Una semana había pasado del terrible episodio, cuando una noche al acostarme cerré mis ojos y aflojé mi cuerpo intentando dormir. De pronto me sentí flotar al mismo tiempo que me elevaba, como atraída por un imán, sin voluntad. Entonces todo se llenó de una hermosa e inmensa luz y allí estaba él. Podía ver claramente su imagen como suspendida en el aire. Yo pregunté:

—¿Cómo puedo verte si tú has muerto?

A lo que él respondió:

—Solo tú puedes. Tengo poco tiempo. Solo vine a decirte algo muy importante.

Seguido se hizo un corto silencio, yo me acerqué con lágrimas de emoción y alegría. Quería besarle la mano, pero cuando intenté tomar sus manos entre las mías, grande fue mi asombro al ver que solo tenía una masa de luz con un entorno celeste mezclado. Di un paso hacia atrás y él dijo:

—Dile a mi esposa que busque una libreta negra. Es muy importante que la encuentre pronto.

Acto seguido se fue alejando hasta desaparecer. Noté

nuevamente que me trasladaba hasta sentir mi cuerpo apoyar sobre la cama.

Al otro día le comuniqué a su esposa el mensaje. A la noche, ella me llamó emocionada: Halló una libreta negra con una cuenta bancaria elevada que vencía en pocos días a nombre de él.

Haydee, 50 años
Londres, REINO UNIDO

Del aquí
y del allá

Nadar la Bahía de La Habana... (extracto)

La situación política en Cuba llegó a ser intolerable, y mi única posibilidad de escapar era nadar la bahía de La Habana y abordar como polizón el barco español Zaragoza con la ayuda de mi buen amigo David Benyule, tripulante del mismo. Era un plan arriesgado, y elegí nadar hasta el Zaragoza desde el poblado pesquero de Regla, considerando que el barco estaba anclado en medio del puerto y podía evadir los controles en los muelles de la capital.

Solo me acompañó mi madre, tan nerviosa como yo. La tarde había caído y en silencio me quedé en calzoncillos. En ese instante mi madre sacó una lata de manteca de su bolsón, comenzó a untármela por todo el cuerpo para protegerme del frío y seguidamente me colgó al cuello una bolsa sellada con los documentos que podrían identificarme.

Únicamente le soplé un beso como despedida y me sumergí en el agua. Miré mi reloj por última vez: las 7:45 p. m.; tendría que hacer un gran esfuerzo para llegar al barco a las 9:00, la hora convenida con David. Me estremeció un escalofrío, pero me propuse nadar despacio para evitar que los músculos se me engarrotaran. De pronto percibí el olor pútrido del agua, gelatinosa, y comprobé que estaba contaminada por desperdicios de todo tipo.

Habrían transcurrido treinta minutos y mi objetivo aún

estaba a una distancia grande; pensé que sería imposible alcanzarlo a tiempo. No tenía forma de saber la hora, pero aún no
habían dado las 9 porque el tradicional cañonazo de La Cabaña
no había sonado. De repente sentí en la lejanía los motores de
una lancha patrullera que surcaba las aguas en mi dirección,
iluminando la quilla de los barcos anclados en la bahía. Evité
moverme en el agua para no delatar mi posición. Por fortuna,
la lancha se perdió en dirección a la Ensenada de Guanabacoa.
Estaba a salvo.

Un esfuerzo final me permitió llegar hasta el Zaragoza;
la voluntad es el dinamo más eficiente en el ser humano. En un
gesto simbólico, toqué la quilla del barco para saber que había
alcanzado mi meta. Seguí nadando por el lado derecho, como
David me había indicado, hasta que encontré la escalera que mi
amigo ya había bajado al nivel del agua, y a él aguardando por
mí. Susurré su nombre y me extendió la mano. En ese instante
escuché el cañonazo de las nueve en La Cabaña. ¡Dios permitió
que llegara a mi cita con puntualidad increíble! ¡Nuestro plan
había resultado exitoso!

(Del libro **Yagruma:
Amores prohibidos en épocas de tiranía**)
**Francisco Calderón Vallejo
Miami, FL, EE. UU.**

Los cubanos escapan del infierno

Mi esposa y yo nacimos en la ciudad de Placetas, Villa Clara, Cuba. Emigramos a los Estados Unidos en el año 2004 por el sistema de sorteos de visas. Actualmente residimos en la ciudad de Louisville, en el estado de Kentucky. A cualquiera que emigra de forma legal desde Cuba, las autoridades cubanas, al entrevistarlo, le preguntan que si emigra por problemas políticos, económicos o religiosos. Quienes desean partir sin complicaciones políticas de la isla, contestan que por problemas económicos. Digo esto para que el mundo conozca la realidad del pueblo cubano, quien sufre una de las más terribles dictaduras que haya conocido la historia universal.

Nosotros, como la gran mayoría de los cubanos, no partimos con carácter definitivo solamente por simples estrecheces económicas, que por supuesto, las hay, bastante y muy agudas. Nadie emigra en las condiciones que lo hace el pueblo cubano, porque no tenga un plato más o menos en su mesa o porque gane un salario pobre... Eso siempre se arregla.

El pueblo cubano (y digo "pueblo cubano" y me estoy refiriendo a mi caso, pero es la generalidad) emigra porque Cuba es una eterna cárcel invisible, donde las alambradas no se ven, pero están en las diferencias de oportunidades y en la discriminación política, en la obligatoria presencia de lo incondicional con las ideas del régimen, lo cual es motivo de no obtener los beneficios de trabajo o de responsabilidades en las instituciones públicas.

Otro tanto sucede con aquellos que profesan determinada religión, los cuales, a pesar de tener los conocimientos necesarios, no pueden ocupar cargos de importancia por no militar con las ideas comunistas, y quien disienta en público de ello, es perseguido y encarcelado.

Yo era abogado, y el no compartir la ideología partidista me trajo graves confrontaciones, las cuales culminarían con la formalización de una causa judicial injustificada en mi contra, hasta mi expulsión laboral.

Domingo Hernández Varona, 56 años
Louisville, KY, EE. UU.

Sin mojarme la ropa

Jamás pensé en salir de Cuba. Desde pequeña me tenían convencida de que no existía otra cosa mejor, y yo no lo dudé, hasta que quise conocer cosas diferentes y personas, que por escribir una u otra cosa, no se sintieran amenazadas de que alguna de las libertades podría ser borrada temporal o definitivamente.

Por Internet conocí a un chico de Veracruz que me insistía en que fuera para allá. Una vez que estuviéramos juntos, nos casaríamos, y ya no tendría que volver a esta dictadura habanera.

Varios amigos míos recurrieron a ir en balsa hasta EE. UU., pero no me decidí a ir con ellos por miedo a que todo acabara en una situación lastimosa. Conocí a gentuza que para salir de Cuba robó la cartera a algún turista, y con su identidad y su dinero, salió del país... Pero yo era demasiado honrada como para eso.

Me sentía totalmente atrapada, hasta que un hermano que consiguió llegar hasta Yucatán, me encontró allí un trabajo. Luego me hicieron una carta de invitación al país e iniciaron los trámites. Quedaba esperar el visado, y a punto estuve de perder la paciencia, hasta que un día recibí los papeles que me autorizaban para viajar hacia mi destino... y sin mojarme la ropa.

Pilar AnaTolosana Artola, 30 años
Vitoria, Álava, ESPAÑA

Mi propio paisano
me estafó

Yo tenía cinco mil dólares en mis bolsillos que me había ganado con la lotería de Nueva York en el juego del "Play Four". Lo jugaba a diario por un dólar hasta que cayó el numero a los tres años de estarlo haciendo.

Me fui de inmediato con un aprendiz de abogado que tenía una oficina en Astoria, Queens, a donde me llevaron unos peruanos para tratar de legalizar mi situación en Estados Unidos. Solo quería sacar mis papeles y vivir una vida normal, como todo el mundo en la Gran Manzana y como un verdadero ciudadano con todos sus derechos y privilegios.

Cuando llegamos a la oficina del abogado, nos atendió su secretaria. Me dijo que la consulta valía tantos dólares y que las peticiones de residencia otros tantos y así logro sacarme unos quinientos. Luego me pidió que regresara en 15 días para continuar el proceso y que me fuera a mi casa tranquilo.

Pasaron quince y luego treinta días. Desesperado, fui a ver al abogado, que coincidentemente era un paisano mío de origen caleño. Él me dijo: "¡Hermano, esto aquí está que se acaba! ¡Venga mañana para que lo ayude a usted solamente!".

Entonces fui al otro día en la mañana. Cuando llegué, me dijo el portero que se habían mudado y que mi situación era la misma de más de treinta personas que habían ido a reclamar lo mismo. Se esfumaron los dolorosos dólares y no pude denunciar a la policía el hecho delictivo de mi paisano por mi condición de ilegal.

José Andariego, 55 años
Medellín, Antioquia, COLOMBIA

Un penoso viaje en medio de olores desagradables

Cuando llegué a Los Ángeles me sentía satisfecho. De pronto todos mis temores se esfumaron. Había llegado a mi meta luego de tantas vicisitudes; luego de haber estado a punto de abandonar. Sobre todo cuando me vi esposado por los fríos e imperturbables policías de Baltimore.

Esa noche que pasé en aquella celda subterránea del precinto central lloré de rabia e impotencia. Maldije a mi torpe y desafortunado compañero de viaje a quien no debí llevar.

Yo ya había pasado el torniquete de llegada al aeropuerto, ya estaba en la parte externa, a unos pasos de tomar un taxi y comenzar una vida nueva, pero pudo más mi estúpida lealtad, mi solidaridad para con ese tonto. Aunque también fue culpa mía. Si hubiera tenido la precaución de copiar la dirección a donde llegaríamos en Baltimore, tal vez lo hubiera abandonado a él a su suerte.

Luego vino la vergüenza de la detención y la expulsión a nuestro origen, la cancelación de mi visa... Tantos esfuerzos, tantos gastos, y volver al inicio pero con el ánimo destrozado. No sé de dónde saqué fuerzas y ánimo suficientes para subirme a ese interminable, cansado y abominable viaje hasta la frontera al otro extremo del país. Supongo que fue el coraje de saber que yo sí había pasado el obstáculo, o tal vez reconocer que volver a mi vida anterior sería casi imposible.

No recuerdo si fueron dos o tres días de penoso viaje en medio de humores y olores desagradables, empujones, ruidos, paradas constantes, calor, hambre y una creciente furia. Debí haber seguido al pie de la letra eso de más vale solo que mal acompañado.

Luego, esa noche obligada en aquel hotelucho de mala muerte en la frontera para que en la mañana siguiente fuera a formarme en esa humillante e interminable fila, para nuestra revisión de documentos, para recibir el salvoconducto, para nuestro registro como "aliens" internándose en su soñado país. Y claro, a dónde puede llegar uno cuando se viaja en bus en este país sino a una avejentada y maloliente terminal en el centro de L. A.

David Navarro, 53 años
Aguascalientes, Aguascalientes, MÉXICO

Mi escala en Miami
les resultó sospechosa

La última vez que pasé por los Estados Unidos fue el 2 de julio del 2003. Llevaba un año viviendo fuera de México, en España para ser exacto, y mi regreso a la tierra natal contemplaba una escala de tres horas en el aeropuerto de Miami. Siempre es más cómodo tomar un vuelo directo pero también, en la gran mayoría de los casos, más caro. Precisamente por eso accedí de buena gana a detenerme por unas horas en el poderoso vecino al norte del río Bravo.

Sin embargo, lo que para mí era tan inocente como conveniente, para los agentes aduanales, afectados sin duda por el todavía muy fresco 11 de septiembre, era bastante sospechoso. Por eso, al mostrar mis documentos en el aeropuerto, me sometieron a un interrogatorio exhaustivo y exasperante. La señorita que me atendió simplemente no podía explicarse por qué, si mi destino final era México, había decidido detenerme en los Estados Unidos.

—¿Qué acaso no existen vuelos directos entre España y México?

—Por supuesto que sí —expliqué unas cinco o seis veces— pero son más caros.

—Pero si existen los vuelos directos, ¿entonces por qué está usted aquí ahora? ¿Qué es lo que pretende deteniéndose en los Estados Unidos?

Y yo, con la paciencia de un mártir, respondiendo por quinta o sexta vez:

—Ahorrarme unos cuantos dólares, nada más.

—¿Entonces me está usted diciendo que no le interesa los Estados Unidos?

"Mierda", pensé. "¿Cómo respondo a eso?" "Desde luego que me interesa, desde luego que admiro su libertad de expresión, su incansable defensa a los derechos humanos, su exitosa batalla en contra del socialismo, el fascismo, el nazismo, el terrorismo y todos los demás -ismos, pero en este momento, me interesa mucho más volver a mi *México lindo y querido, si muero lejos de ti...*".

Todo eso lo pensé, claro, pero no lo dije. Lo que en realidad respondí fue algo así como:

—Señorita, cuando compré mi boleto de avión me dijeron que si hacía una escala en el aeropuerto de Miami podía ahorrarme hasta trescientos dólares y me pareció un *"good business"*, cien dólares por cada hora de espera, eso es todo.

—*Smart guy* —me respondió.

Por un momento, pensé que el interrogatorio había terminado. Pero no, únicamente cambió de rumbo y durante los siguientes minutos hube de responder las más inverosímiles preguntas sobre mis actividades en España, sobre las personas con las que conviví ("Y no, señorita, le juro que ninguno era terrorista, ni fundamentalista, ni etarra ni nada por el estilo"), sobre mi familia en México, y hasta sobre mi maquinilla de afeitar.

En efecto, en algún momento la señorita me preguntó si llevaba algún artefacto electrónico entre mi equipaje y con toda naturalidad respondí:

—Una afeitadora eléctrica.

Y entonces sí que la señorita puso a prueba mi paciencia:

—¿Y para qué quiere una afeitadora eléctrica?

—Para afeitarme (¿Existe acaso otra forma de responder a esa misma pregunta?).

—¿Y cuándo la compró?

—Hace tres años.

—¿Usted la compró o alguien más lo hizo por usted?

—Yo la compré.

—¿Cuánto le costó?

—La verdad no me acuerdo, tendrá usted que disculparme.

—¿Cuándo fue la última vez que la usó?

—En Madrid, antes de subir al avión.

—¿Y desde entonces no la ha vuelto a usar?

—No (¿No acabo de decirle que la última vez fue en Madrid?).

En total fui interrogado cerca de una hora. Cuando finalmente la señorita se convenció que yo no era un terrorista islámico que se había detenido en los Estados Unidos para liberar una bacteria tóxica en la playa, o un etarra con intenciones de instalar una bomba en el estadio de los Delfines, o un octogenario nazi dispuesto a cobrarse la derrota de cualquier forma, o un narco a punto de hacer una entrega; sino un simple estudiante mexicano de 23 años, clase media, aseado y rasurado, me invitó a recorrer el área comercial del aeropuerto "*to make some time*" en lo que esperaba mi conexión.

Y eso fue lo que hice; entré a un bar y compré un sándwich y una cerveza.

—¿Corona o Budweiser? —me preguntó el mozo cubano.

—Corona —respondí.

Felipe Oliver, 29 años
Guadalajara, Jalisco, MÉXICO

Llegué a Nueva Inglaterra bajo una tormenta de nieve

Fue un 18 de diciembre del 1977. Aunque hayan pasado más de tres décadas, todavía recuerdo mi llegada a los Estados Unidos como si fuera ayer.

Nunca había viajado en avión, así que me asusté un poco al subir tan arriba de la tierra. Pero al llegar a los 10 000 metros de altura, me llegó la calma. Al estar entre las nubes esponjosas y blancas se me fue el miedo y me sentí como si estuviera en el cielo, y lo más cerca de Dios que jamás había estado en mi vida.

Después de hacer escala en Dallas, Texas y experimentar todo el rollo de pasar por la migración estadounidense y la aduana, mi esposa y yo tomamos otro avión con destino a la ciudad de Boston. Después de unas horas, aterrizamos en Boston y el papá de mi esposa nos recogió en el Aeropuerto Internacional de Logan.

Nunca había visto la nieve, y mucho menos en tanta cantidad: Llegué a la parte noreste de los Estados Unidos, no solo en pleno invierno, sino en plena ventisca. La gran ventisca del 77-78 fue la peor de la historia de la región, y la sigue siendo hasta la fecha en que escribo este relato.

Al llegar a la casa de mis suegros, me bajé del coche (debo notar aquí que en aquel entonces yo no hablaba casi nada el inglés). En ese momento mi suegro se puso a recoger un poquito de la nieve que cubría todo nuestro alrededor y formó una bolita en su mano. Luego tomó y agarró mi brazo derecho y colocó la bola de nieve justo en mi mano. ¡No podía creer lo frío que se sentía!

Mi suegro luego dijo algo en inglés que me pareció un disparate debido a mi falta de comprensión del idioma. Volteé la cabeza hacia mi esposa para que ella tradujera lo que él había dicho: "*Welcome to New England*" (Bienvenido a Nueva Inglaterra).

Manny, 59 años
Reading, MA, EE. UU.

Los más duro fue dejar a la familia

Mi esposo Alberto, mi hijo Juan Pablo, que en ese entonces tenía 8 meses, y yo, emigramos desde la Argentina hacia Estados Unidos en el año 2000. En mi país vendimos todo, nuestra casa y un instituto de computación.

Al llegar a los Estados Unidos, nos quedamos en casa de una prima por unos tres días hasta que encontramos un apartamento para rentar.

Al principio mi esposo comenzó trabajando en un hotel, en mantenimiento. Yo me quedaba en casa con mi hijo. Yo no sabía nada de inglés y mi esposo muy poco.

Lo más duro fue dejar a toda nuestra familia cuando emigramos. Yo dejé a mi mamá y todos mis hermanos. Acá lo más difícil de todo es no poder verlos, es saber que nuestros hijos se están criando sin saber lo que es compartir con los abuelos y sus primos y tíos.

Mis hijos no saben lo que es una fiesta en familia, o un domingo. Además, nosotros tenemos que lidiar con otra cultura totalmente distinta a la nuestra. Ahora cualquier noticia de la Argentina es un motivo de alegría o tristeza. Hemos aprendido a valorar tanto a la familia como a nuestra tierra.

A veces me pregunto si vale la pena dejar todos los afectos por un mejor bienestar económico. Desde mi punto de vista, no. Si bien el dinero ayuda, el estar rodeado de los seres queridos no se compra con nada, no tiene precio.

Por ejemplo, tuve que enterarme, estando lejos, de la noticia que mi sobrino de 26 años falleció de cáncer y no pude estar allí para apoyar a la familia. Es ahí cuando uno decae un poco, pero al mirar a mis hijos digo: "Ánimo arriba". Si estamos acá es por ellos, porque son el futuro y por ellos tengo que ser fuerte aunque por dentro me esté muriendo de no saber si cuando vuelva mi madre va estar allí, esperándome.

Pero también hay cosas lindas: Este país nos ha dado mucho; también hemos crecido como pareja y como personas y he aprendido tanto y tantas cosas… y si estoy acá es porque Dios me lo ha permitido y por algo será.

Mirta Pedroza, 34 años
Texas City, TX, EE. UU.

Gracias, Ecuador, por aceptarnos como hijos

Ahora que nuevamente, en pleno siglo XXI, comienzan por desgracia a verse actitudes antisemitas hasta en países que uno nunca se hubiera imaginado, quisiera gritar al cielo lo injusto y criminal que es para un ser humano, por el solo hecho de haber nacido judío, tener que leer y escuchar a diario toda clase de insultos e improperios.

Desde tiempos inmemoriales hemos tenido que resistir una implacable persecución física y psíquica llena de amenazas a voz en cuello, lanzadas a los cuatro vientos; inclusive por "estadistas" quienes deberían ser ejemplo de cultura, tolerancia y mesura, y sin embargo se la pasan gritando que debemos ser exterminados, tal como hace poco más de seis décadas sucedió con gran cantidad de nuestros coidearios bajo el nazismo, cuando se nos "cazaba" como animales para después marcarnos a fuego en carne viva el número de identificación y "bañarnos" en duchas sin agua pero con gases letales o realizar con nuestras mujeres los más crueles "experimentos médicos".

Me pregunto: "¿Cuándo, Señor, aprenderemos a ser consecuentes con los de nuestra propia especie? ¿Cuántos años más tendrán que pasar para que dejemos de odiarnos gratuitamente?".

Pese a todo ello, tengo algo positivo y es el agradecimiento imperecedero a un pueblo grandioso que en ese

entonces, como casi ninguno, nos abrió sus puertas sin condiciones y nos permitió seguir viviendo... Es Ecuador y su gente
maravillosa, mi segunda patria, a la cual dedico estas líneas:
"Manos entrelazadas y el corazón fuertemente latiendo,
así quiero pedirte, Señor, bendiciones para una nación única y
grande que en un instante difícil de salvajismo extremo, supo
como ninguna otra en el mundo, abrir sus brazos al pueblo
perseguido y condenado al exterminio. Con mis manos entrelazadas y el corazón fuertemente latiendo quiero personalmente y en nombre de todos los judíos del éxodo, decirte Ecuador,
¡Dios te lo pague!, por lo que tu pueblo hizo por nosotros y que
ojalá esto sea un ejemplo para toda la humanidad".

Defin, 73 años
Quito, ECUADOR

Pasé por inmigración como si fuera invisible

Me casé con un cubano en mi país. Soy profesional y me iba muy bien allá, pero a mi esposo no; siempre quería probar suerte en Miami. Yo le decía que no había estudiado para ir a otro país a lavar platos, pero después de 6 años de casados, y ver como se sentía porque yo era la que más aportaba en la casa, se nos presentó una oportunidad para ir a Miami.

Decidí apoyarlo, él salió primero. Pasamos 4 meses separados y no aguantábamos estar distanciados, fui a pedir mi visa y mi cita fue para después del 11 de septiembre, cuando pasó la gran catástrofe: me negaron la visa.

Fue terrible para los dos. Luego él pensó que yo podía ir como él, que por ser su esposa adquiría su nacionalidad. Así lo hicimos: pedí visa a México y una persona me presentaría a las autoridades para que me acogiera a la ley de los cubanos: no fue así.

Lo que hizo esta persona fue pasarme por el río. Fue angustiante; pensé que me violarían, que me ahogaría pero le pedí al Señor que me guiara. Él había permitido que llegáramos a este punto, y ya no aguantaba estar sin mi esposo.

Cuando le comunicaron a mi esposo de la manera que entraría a EE. UU., él no estuvo de acuerdo. Pidió tiempo para ver qué podía hacer. Cuando se comunicó de nuevo con la persona, yo ya había cruzado y en carro llegaría hasta donde me esperaba mi amado. Claro que aún tenía que pasar una parada donde estaba Migración. Dependiendo de la luz que tocara nos paraban o no, y para Dios mostrar su gloria, nos tocó la luz roja.

Tuvimos que parar; mi esposo había hecho una oración para que el Señor abriera las aguas y que me hiciera invisible. Su oración fue contestada porque íbamos 4 en el auto y a todos les pidieron documentos y a mí no: era como si no me vieran. Nos dejaron ir y a la 1:00 de la mañana estaba de nuevo junto con mi amado.

Ya llevamos 5 años acá. A él le va muy bien. Yo me encargo de la casa y la administración del dinero. No tengo ningún trabajo fuera de la casa pero estoy feliz porque estamos juntos.

Valdere de NoKlare, 42 años
Hialeah, FL, EE. UU.

Mi padre falleció y no pude verlo de nuevo

Salí de Cuba con mi esposo e hijo de forma legal, por la lotería de visas (bombo). Dejaba a mis padres, que eran lo más preciado para mí porque nunca nos habíamos separado; no quisieron ir a despedirme al aeropuerto. De mi mente no se borra aquella mañana en que yo me alejaba y ellos me decían adiós desde el umbral de la puerta. Me quedó un vacío tan grande como la pérdida de un familiar. Eran sentimientos encontrados, alegría porque vería a mi familia de aquí y tristeza por los que dejaba.

Me ha costado adaptarme, y aunque ya llevo más de cinco años, todavía tengo mis días tristes; no he podido ir de visita a mi país. Mi madre estuvo aquí hace dos años; ahora se presentó y no le dieron la visa. Mi padre, quien venía con mi madre hace dos años, falleció el mismo día que tenía el pasaje para venir. Una semana antes del viaje le dio un derrame cerebral y cayó en coma, parece que de la emoción, pues él era mi vida y yo lo era para él. Además añoraba estar junto a los nietos que están aquí y a sus hijos a quienes no veía en años.

Este país tiene cosas muy buenas, pero no es lo que imaginamos cuando estamos allá, o al menos no nos cuentan la realidad de las cosas y uno llega con otra idea. Es muy alto el precio que hay que pagar a veces, como la separación de la familia. Pienso que si mis padres hubieran estado conmigo me sentiría feliz, pues lo tendría todo. Para mí la familia es lo primero.

Uno viene con la esperanza de que en Cuba haya un cambio que nos permita reencontrarnos. En 5 años sin mi familia han pasado tantas cosas, que a veces pierdo las esperanzas; quisiera regresar. Hoy en día mi mamá está sola, y para colmo de males no la dejaron viajar. Eso me atormenta todos los días de mi vida. ¿Cuándo habrá libertad? Y de mi mente no se me borra que no pude volver a ver a mi padre porque, como no tenía residencia, no pude viajar.

Sinara Anguita, 33 años
Anthony, FL, EE. UU.

Despertar dentro del sueño

Mi historia se remonta a mi niñez. Recuerdo que me sentaba a mirar el mar horas y horas y por mi mente pasaban muchas pensamientos que nunca podré olvidar. Pensaba qué habría del otro lado, por qué era malo pensar en los que viven allá, o ¿es acaso que el mundo después del horizonte cae en un abismo y todo es feo y horrible?

Fui creciendo y dándome cuenta de todo lo que me habían mentido a lo largo de mi niñez en la escuela. Empecé a razonar y darle un cambio a mi vida; entonces empezaron los problemas al decir lo que sentía y se prohibía.

Busqué todas las formas para salir tras ese sueño que me habían robado y pasé por muchos, muchos sinsabores sin lograrlo. Hasta que en un día un buen samaritano que visitó Cuba me invitó a visitar su país, Venezuela. El propósito era no regresar jamás; fue difícil lograrlo pero lo logré.

Llegué a una ciudad bella llena de edificios que me asustaban mucho. El tráfico era para mí como estar en una película. ¡Nunca había visto tantos carros juntos! Estuve por 15 días muy nervioso y con fuertes dolores de cabeza, tratando de adaptarme a un cambio que no esperaba.

Viví 3 años en Caracas. Al principio no encontré trabajo, por mucho que busqué, hasta un día, después de 6 meses, logré empezar. Ahí empezó mi lucha de nuevo por seguir el sueño de llegar a ese otro lugar con el que siempre había soñado cuando era niño.

Ahorré mucho y conocí bellas e interesantes personas. Finalmente, un buen día, un amigo cubano me habló de la posibilidad de cruzar a EE. UU. Nos pusimos de acuerdo y después de sacrificios y muchos sinsabores pude lograr lo propuesto.

Recuerdo que llegué casi al anochecer; vi una ciudad diferente a la que conocía. Pasaron muchas cosas… Fui detenido por 19 días y al fin me dieron la libertad. Tras esto empecé a conocer, vivir y despertar en mi sueño.

Doy Gracias a Dios porque pude respirar la libertad que me fue negada; porque trabajando duro como lo sigo haciendo he logrado ayudar, conocer y compartir todas mis experiencias con otros y porque al fin, después de tantos años de tristezas y soledad, logré despertar dentro del sueño que siempre estuvo en mi mente.

Eddie, 45 años
Fort Myers, FL, EE. UU.

El lagarto verde es una isla poseída por el demonio

La vida se había tornado un asunto grave; ya no podíamos resistir el abuso y la injusticia de aquel gobierno inhumano. Nuestra isla del alma se había convertido en una cárcel en medio de las Antillas. Sin fronteras, sin salida. Estábamos condenados a morir de impotencia dentro de nuestro lagarto verde.

Fue entonces cuando apareció Papín y comenzó a hablarnos de la fuga, de buscar nuevos horizontes, de conquistar nuestra libertad. Él tenía un pequeño bote que podía ser nuestra salvación... y se hizo la luz, aunque esa noche hubo un apagón que se prolongó varias horas, desde el fondo del alma, la llama de la esperanza nos iluminaba.

La noche del viernes 4 de junio salimos rumbo a la libertad. Sí, ya sé que "libertad" es una palabra amplia, con muchos matices, pero para nosotros libertad significaba una sola cosa: escapar de aquella isla poseída y subyugada por el demonio.

Durante siete días navegamos tratando de llegar a tierra firme. El sol quemante nos arrancó la piel y nos reventó de llagas las sedientas gargantas. Dos tiburones nos rondaron durante varias horas. Las olas nos voltearon el bote y estuvimos a punto de morir ahogados. Perdíamos fuerzas, pero tratábamos de mantenernos a flote, aferrándonos como podíamos al bote y a la vida.

Papín no pudo resistir; lo perdimos durante la sexta noche.

La mañana del séptimo día divisamos tierra. No sé de dónde sacamos energía, pero nadamos sin detenernos, con la idea fija de alcanzar la orilla. Estábamos a casi dos millas cuando escuchamos el ruido de un motor. Era una lancha guardacostas de los Estados Unidos. Nos habían visto y venían a nuestro alcance.

Hay una ley que le llaman la "Ley de Pie Seco y Pie Mojado" que aplica para los cubanos. Aquel que logra poner un pie en tierra norteamericana, tiene derecho a quedarse en el país. El que no alcanza la costa, es devuelto a Cuba, donde le espera la prisión o la muerte.

A partir de ese momento comenzó el juego del gato y el ratón. Ellos a atraparnos y nosotros a no dejarnos atrapar. Ellos desde la lancha nos atacaban con chorros de agua y con gas pimienta. Querían que perdiéramos las fuerzas y les suplicáramos a gritos que nos subieran al barco.

Nosotros seguíamos nadando, esquivando sus ataques. Era como una corrida de toros. Resistimos más de dos horas, pero estábamos demasiado débiles y todos fuimos sucumbiendo. Finalmente, nos pescaron.

En mis sueños, veo un bote flotando a lo lejos en medio del océano. Representa la libertad. Braceo con todas mis fuerzas para alcanzarlo, pero nunca llego. El bote cada vez se aleja más, hasta que lo pierdo de vista y el mar me devora.

En la pared de mi celda he marcado 1800 líneas. Cada una representa un día de cautiverio. Aún me quedan poco más de 10 años por cumplir. Es el precio que debo pagar por un sueño prohibido.

Miriam De La Vega (Miruchi)
Hialeah, FL, EE. UU.

El mejor regalo
que existe

El 6 de enero de 1970 yo tenía 14 años. Me encontraba con mis padres y hermano menor, Aldo, en Varadero, esperando los vuelos de salida de Cuba para Estados Unidos.

Yo para mi edad era muy alto, medía 5'9", y era flaco como una vara de tendedera, lo cual hizo que las autoridades del gobierno cubano pusieran más atención a mi pasaporte e inscripción de nacimiento que a las dos joyas de la familia que habían sido cuidadosamente cocidas en los bajos de mis pantalones. Estos me quedaban como para brincar charcos, ya que el traje me lo habían mandado hacer hacía 3 años y yo había crecido más de la cuenta.

Ya habíamos recibido la vacuna de la rubeola, la cual nos dejó marcados a todos, tal como se marca al ganado. Recuerdo que no habían suficientes sillones y nos acomodamos en el piso a esperar que nos dijeran en qué vuelo nos íbamos.

Esa tarde, antes de apagar las luces, nos dijeron que nuestro núcleo familiar saldría para Estados Unidos al siguiente día, en el segundo vuelo de los 3 que salían diariamente.

Mi madre, con lágrimas en los ojos, nos dijo a mi hermano y a mí: —Hoy por ser Día de los Reyes Magos, recibirán el mejor regalo que jamás nosotros les hayamos dado.

Mi hermano la interrumpió diciendo: —¿Y dónde están los juguetes? ¡Yo quiero juguetes!

—Los Reyes Magos dejarán allá en el Norte los juguetes. Ya verás que mañana tendrás muchos juguetes de regalo —respondió mi madre.

Al otro día llegamos a Miami y nos llevaron directamente a La Casa de La Libertad. Allí nos hicieron entrar a un cuarto lleno de juguetes. Mi hermano salió corriendo y no sabía qué escoger entre todos ellos. Yo caminé hacia el fondo donde vi un juego de Monopolio, que fue lo único que escogí.

Hoy, hace ya 37 años, aún tengo grabado en mi memoria ese día y mi juego de Monopolio, con el cual juego de vez en cuando y sigue guardado entre mis bienes más preciados. Y aunque para aquel entonces yo sabía que los Reyes Magos no existían, comprendí por qué mi madre nos dijo que los Reyes Magos nos habían dado el mejor regalo que existe: la libertad.

Leonel Menéndez Álvarez, 50 años
Los Ángeles, CA, EE. UU.

Índice de autores

La editorial Cambridge BrickHouse, Inc.

ha creado el sello CBH Books

para apoyar la excelencia en la literatura.

Publicamos todos los géneros, en todos los idiomas

y en todas partes del mundo.

Publique su libro con CBH Books.

www.CBHBooks.com

De la presente edición:
100 y más historias reales
(Antología)
por: Varios autores
producida por la casa editorial CBH Books
(Massachusetts, Estados Unidos),
año 2009.
Cualquier comentario sobre esta obra
o solicitud de permisos, puede escribir a:
Departamento de español
Cambridge BrickHouse, Inc.
60 Island Street
Lawrence, MA 01840
U.S.A.